Mal-entendido em Moscou

SIMONE DE BEAUVOIR

Mal-entendido em Moscou

Tradução de
STELLA MARIA DA SILVA BERTAUX

6ª edição

EDITORA RECORD
RIO DE JANEIRO • SÃO PAULO
2024

CIP-BRASIL. CATALOGAÇÃO NA PUBLICAÇÃO
SINDICATO NACIONAL DOS EDITORES DE LIVROS, RJ

B352m
6ª ed.

Beauvoir, Simone de, 1908-1986
    Mal-entendido em Moscou/ Simone de Beauvoir;
tradução de Stella Maria da Silva Bertaux. – 6ª ed. –
Rio de Janeiro: Record, 2024.

    Tradução de: Malentendu à Moscou
    ISBN 978-85-01-10434-2

    1. Ficção francesa. I. Bertaux, Stella Maria da Silva.
II. Título.

15-20927

CDD: 843
CDU: 821.133.1-3

Título original: MALENTENDU À MOSCOU

Copyright © Editions de L'Herne, 2013

Publicado mediante acordo com a Agence litteraire Astier-Pécher

Texto revisado segundo o novo Acordo Ortográfico da Língua Portuguesa.

Todos os direitos reservados. Proibida a reprodução, no todo ou em parte, através de quaisquer meios. Os direitos morais da autora foram assegurados.

Direitos exclusivos de publicação em língua portuguesa somente para o Brasil adquiridos pela
EDITORA RECORD LTDA.
Rua Argentina, 171 – Rio de Janeiro, RJ – 20921-380 – Tel.: (21) 2585-2000, que se reserva a propriedade literária desta tradução.

Impresso no Brasil

ISBN 978-85-01-10434-2

Seja um leitor preferencial Record.
Cadastre-se e receba informações sobre
nossos lançamentos e nossas promoções.

EDITORA AFILIADA

Atendimento e venda direta ao leitor:
mdireto@record.com.br ou (21) 2585-2002.

PREFÁCIO

Mal-entendido em Moscou, novela longa escrita em 1966-1967, devia fazer parte da coletânea *A mulher desiludida* (1968). Apesar da qualidade evidente, Simone de Beauvoir retirou-a e a substituiu por "A idade da discrição". Foi publicada pela primeira vez em 1992, na revista *Roman 20-50*.[1]

Mal-entendido em Moscou narra a crise conjugal e de identidade (superada *in fine*) vivida por Nicole e André, um casal de professores aposentados que está envelhecendo, em viagem a Moscou, aonde vão para encontrar Macha, a filha do primeiro casamento de André. A narrativa escolhida se revela perfeitamente adequada ao assunto tratado. Simone de Beauvoir alterna, em ritmo rápido e em sequências curtas de mesmo tamanho (vinte e quatro no total), o ponto de vista de Nicole e o de André; o leitor ocupa assim uma posição privilegiada em relação a cada um dos personagens, fechados momentaneamente em suas interpretações equivocadas, em suas decepções não confessadas, em seus rancores desproporcionais. Esta técnica, esta adição, permite a ela desenvolver, em paralelo, um ponto de vista masculino e um feminino, tanto em suas diferenças (as preocupações de André são mais políticas; as de Nicole, mais voltadas para a sensibilidade) quanto em suas semelhanças. Simone de Beauvoir já havia utilizado esse foco duplo em seus romances anteriores (*O sangue dos outros*, *Os mandarins*), mas jamais com esta intensidade nem com esta complementaridade.

Como o título indica, a novela associa estreitamente a história individual e a história coletiva: o mal-entendido conjugal ocorre durante uma viagem que leva a uma decepção política. Contém, assim, um testemunho (crítico) apaixonante sobre a União Soviética de meados dos anos 1960. Simone de Beauvoir se inspira nas estadas regulares dela e de Sartre na URSS, convidados pela União de Escritores, de 1962 a 1966 (além disso, lá Sartre reencontrava Lena Zonina, sua amiga russa de quem Macha toma emprestados certos traços). Assim, é por meio da experiência concreta dos protagonistas, atentos aos espetáculos e às sensações, que se medem as transformações do país e que se vivem numerosas confusões provocadas pelo absurdo burocrático. A situação cultural da União Soviética e sua política externa, dominada na época pela tensão sino-soviética, suscitam discussões entre Ma cha e o pai, por fim decepcionado por não encontrar um ideal socialista puro na Moscou que ele redescobre. A crítica ao regime soviético apresentada em *Balanço final*, escrito em 1971 depois da invasão da Tchecoslováquia, será mais forte e levantará mais o problema das liberdades. Porém, o quadro detalhado da situação na União Soviética de *Mal-entendido em Moscou* é um documento igualmente precioso.

Transcendendo a crise do casal, Simone de Beauvoir aborda temas mais gerais. Os personagens femininos ilustram aspectos diversos da condição das mulheres: apesar da vontade de se emancipar e das discussões durante a juventude, Nicole, absorta demais pela vida familiar, lamenta não ter realizado suas ambições. Irene, a noiva do filho, encarna a nova geração, que, pretendendo conciliar tudo, não se aprofunda em nada. A tranquilidade e a independência de Macha são provenientes da igualdade de gêneros na União Soviética. O problema da comunicação com o outro percorre toda a novela, que explora, sobretudo, os efeitos adversos do envelhecimento: o desgaste do corpo, a renúncia à sexualidade, o abandono de projetos, a perda da esperança. Refletir sobre a idade conduz a se questionar sobre o Tempo (com uma homenagem final a Proust). A confusão dos personagens dá uma tonalidade lírica particularmente emocionante a todas as reflexões. O paroxismo do "mal-entendido" conduz a um mergulho cada vez mais profundo no passado e desemboca no questionamento sobre o sentido da vida: "A angústia a fulminou: angústia de existir, muito mais intolerável que o medo de morrer." Todos estes problemas e temas se encontram estreita e necessariamente entrelaçados. Macha, guia e intérprete, cuja presença provoca uma crise e uma tomada de consciência, situa-se no centro desta rede.

Em "A idade da discrição", que substitui então *Mal-entendido em Moscou*, Simone de Beauvoir retoma a situação do casal envelhecendo que confronta um mal-entendido, e reproduz no conto, adaptando ao contexto, numerosas passagens da primeira novela. Mas Simone de Beauvoir elimina toda a dimensão soviética e adota, dessa vez, exclusivamente, o ponto de vista da mulher em crise: essas escolhas lhe permitem inserir com mais facilidade a nova narrativa em *A mulher desiludida*. Com a distância do tempo, a riqueza de *Mal-entendido em Moscou* se impõe e convida a uma publicação autônoma deste texto.

Éliane Lecarme-Tabone

Nota

[1] *Roman 20-50*, n° 13, junho de 1992, "Simone de Beauvoir", p. 137-188. Estudos reunidos e apresentados por Jacques Deguy. Foi traduzida e apresentada por Terry Keefe sob o título "Misunderstanding in Moscow", em Simone de Beauvoir, *"The Useless Mouths" and Other Literary Writings*, editado por Margaret A. Simons e Marybeth Timmermann, prefácio de Sylvie Le Bon de Beauvoir, "Beauvoir Series", University of Illinois Press, 2011. O manuscrito autógrafo (NAF 27409) se encontra na Biblioteca Nacional da França.

Ela ergueu os olhos do livro. Que tédio, todas essas arengas banais sobre a não comunicação! Quando se quer comunicar, mal ou bem, consegue-se. Concordo que não seja com todos, mas com duas ou três pessoas, sim. Sentado no assento ao lado, André lia um romance policial da Série noire. Ela apaziguava o mau humor, os arrependimentos e as pequenas preocupações dele; sem dúvida André também tinha segredos, mas, no geral, eles se conheciam muito bem. Ela espiou pela janela: florestas escuras e prados claros a perder de vista. Quantas vezes atravessaram a região juntos, de trem, de avião, de barco, sentados lado a lado, com um livro nas mãos? Muitas vezes ainda deslizariam lado a lado em silêncio sobre o mar, por terra e pelo ar. Esse instante possuía a doçura de uma lembrança e a alegria de uma promessa. Teriam eles trinta ou sessenta anos? Os cabelos de André ficaram brancos prematuramente: antes, isso era charmoso, a neve que realçava o frescor moreno de sua tez. E ainda o era. A pele havia engrossado e enrugado, como couro velho, mas os sorrisos da boca e dos olhos mantinham seu brilho. Apesar dos desmentidos do álbum de fotos, sua imagem jovem se curvava diante do seu rosto de hoje: para Nicole, ele não envelhecera nada. Certamente porque ele mesmo parecia ignorar que havia envelhecido. André, que no passado gostava tanto de correr, nadar, escalar e se olhar no espelho, agora exibia seus sessenta e quatro anos sem preocupações. Uma vida longa de risos, lágrimas, raivas, abraços, confissões, silêncios e emoções, e, às vezes, parece que o tempo não passou. O futuro ainda se estende ao infinito.

— Obrigada.

Nicole pescou um doce na cesta, intimidada pela corpulência da aeromoça e seu olhar duro, como se sentira, três anos antes, pelas garçonetes dos restaurantes e as camareiras do hotel. Nenhuma cordialidade, uma consciência aguda dos seus direitos, só se podia aprovar sua atitude: diante delas nos sentíamos culpados ou, no mínimo, suspeitos

— Estamos chegando — disse ela.

Com uma certa apreensão ela olhava para a pista que se aproximava. Um futuro infinito que poderia ser interrompido de uma hora para outra. Conhecia bem estes saltos, que iam de uma segurança beatífica a pontadas de pânico. A Terceira Guerra explodiria, André teria câncer de pulmão — dois maços de cigarro por dia eram muito, eram demais — ou o avião se espatifaria no chão. Teria sido uma boa maneira de acabar com tudo: juntos e sem histórias; mas não tão cedo, não agora. "Em segurança outra vez", pensou ela quando o trem de pouso bateu, um tanto forte demais, na pista. Os viajantes vestiram seus casacos e juntaram seus pertences. E ficaram esperando no corredor, alternando o peso entre as pernas. Uma longa espera.

— Você está sentindo o perfume das bétulas? — perguntou André.

O tempo estava muito fresco, quase frio: dezesseis graus, dissera a aeromoça. A três horas e meia dali, como Paris estava perto e como estava longe; Paris, que nessa manhã cheirava a asfalto e a tempestade, assolada pelo primeiro dia muito quente do verão: Philippe estava perto, estava longe... Um ônibus os levou — através de um aeroporto muito maior que aquele onde aterrissaram em 1963 — a um prédio envidraçado, em formato de cogumelo, onde funcionava o controle de passaportes. Macha os esperava na saída. De novo Nicole se surpreendeu ao reencontrar em seu rosto, harmoniosamente confundidos, os traços tão díspares de Claire e de André. Magra, elegante, só seu penteado, que parecia uma peruca, cheirava a moscovita.

— A viagem foi boa? A senhora está bem? Você está bem?

Ela tratava o pai como você e Nicole como senhora. Isso era normal e ao mesmo tempo estranho.

— Passe-me a bolsa.

Isso era normal também. Mas, quando um homem leva suas malas, é porque você é uma mulher; se é uma mulher quem as leva, é porque ela é mais jovem que você, e você se sente uma idosa.

— Deem-me os tíquetes das bagagens e se sentem aqui — indicou Macha com autoridade.

Nicole obedeceu. Idosa. Perto de André, em geral esquecia isso, mas mil pequenas feridas vinham lhe lembrar. "Uma bela e jovem mulher", pensou ao ver Macha. Ela se lembrava de ter sorrido, aos trinta anos, quando seu sogro proferiu essas mesmas palavras a respeito de uma quadragenária. Para ela também, atualmente, a maior parte das pessoas parecia jovem. Idosa. Ela não se conformava com isso (uma das raras coisas que não confiou a André: este assombro desolador). "Mas, afinal, há certas vantagens", refletiu ela. Estar aposentada soava um pouco como ser posta de lado. Mas era agradável tirar férias quando se tem vontade; mais precisamente, estar o tempo inteiro de férias. Nas salas de aula quentes, os colegas começavam a sonhar em sair de férias. E ela já saíra. Procurou André, em pé ao lado de Macha, no meio da balbúrdia. Em Paris ele deixava pessoas demais ocuparem seu tempo. Prisioneiros políticos espanhóis, presos portugueses, israelenses perseguidos, rebeldes congoleses, angolanos, camaroneses, guerrilheiros venezuelanos, peruanos, colombianos — e outros tantos que esquecia. Estava sempre pronto a ajudá-los, na medida do possível. Reuniões, manifestos, comícios, panfletos, delegações, André aceitava todas as tarefas. E fazia parte de uma boa quantidade de grupos e comitês. Aqui, ninguém o solicitaria. Eles só conheciam Macha. Não teriam nada a fazer a não ser olhar as coisas juntos: adorava descobri-las com ele, e que o tempo, parado pela longa monotonia da felicidade, reencontrasse sua esfuziante novidade. Levantou-se. Ela já queria estar pelas ruas, sob os muros do Kremlin. Tinha esquecido o quanto as esperas podiam ser longas neste país.

— As bagagens vão chegar?

— Vão acabar chegando — respondeu André.

Três horas e meia, pensava ele. Como Moscou estava perto e tudo tão longe! Três horas e meia de distância e ver Macha tão raramente? (Mas são tantos os obstáculos; para começar, o preço da viagem.)

— Três anos é muito tempo — comentou ele. — Você deve achar que envelheci.

— Nada disso. Você não mudou.

— Você está ainda mais bonita.

André a olhava encantado. Pensa-se que nada mais pode acontecer na vida e isso é tomado como verdade (e não foi fácil para ele, apesar de jamais ter demonstrado), e eis que uma grande ternura, tão nova, vem lhe iluminar a vida. Antes não tinha nenhum interesse naquela garotinha arisca — na época ela se chamava Maria — que Claire lhe trazia por algumas horas do Japão, do Brasil, de Moscou. Para André, ela continuava sendo uma estrangeira, a jovem que foi a Paris depois da guerra para lhe apresentar o marido. Mas, na segunda viagem de Macha, em 1960, algo aconteceu entre os dois. Não entendia bem por que ela havia se ligado tão fortemente a ele, mas ficou comovido. O amor que Nicole lhe dedicava continuava vivo, atencioso, feliz; mas eles estavam acostumados demais um com o outro para que André pudesse despertar nela aquela alegria deslumbrada que, naquele instante, transparecia no rosto um pouco severo de Macha.

— As bagagens vão chegar? — perguntou Nicole.

— Vão acabar chegando.

Por que ficar impaciente? Aqui o tempo lhes era fornecido em abundância. Em Paris, André era martirizado pelo passar das horas, dividido entre compromissos, sobretudo desde que se aposentou: ele superestimou a duração do seu tempo livre. Por curiosidade ou por descuido, aceitou uma quantidade de obrigações das quais não conseguia mais se livrar. Durante um mês ele iria escapar delas; e poderia viver com esta displicência de que tanto gostava, de que gostava demais, porque era dessa displicência que nascia a maior parte dos seus problemas.

— Aí estão nossas malas — avisou ele.

Instalaram-se no carro de Macha, e ela se sentou ao volante. Dirigia lentamente, como todos ali. A estrada tinha um aroma de folhagem, frotas de troncos de árvores estavam à deriva no rio Moskva, e André sentia vibrar em si aquela emoção, sem a qual a vida para ele não teria sal: começava uma aventura, o que o deixava exaltado e apavorado, a aventura da descoberta. Vencer na vida, ser alguém, nunca o preocupara. (Se sua mãe não tivesse imperiosamente se dedicado autoritariamente para que ele continuasse os estudos, teria se contentado com a condição dos seus pais: professores em uma escola de ensino fundamental sob o sol da Provence.) Para ele, a verdade de sua existência e de si mesmo parecia não lhe pertencer: ela estava espalhada de forma obscura pelo mundo inteiro; para conhecê-la, precisaria interrogar os séculos e os lugares; é por isso que amava a história e as viagens.

Mas, embora estudasse com serenidade o passado refletido nos livros, chegar a um país desconhecido — transbordando em sua abundância e vivendo tudo o que poderia descobrir — lhe causava vertigem. E este país o fazia mais que qualquer outro. Ele fora educado no culto a Lenin; sua mãe, com oitenta e três anos, ainda militava no Partido Comunista. André não entrou para o partido; mas, através das ondas de esperança e desespero, sempre acreditou que a União Soviética detinha as chaves do futuro e, com isso, desta época e do seu próprio destino. Entretanto, mesmo nos anos obscuros do stalinismo, nunca teve a impressão de compreendê-la tão mal. A atual estada ali poderia esclarecê-lo? Em 1963, eles tinham viajado como turistas — à Crimeia, Sochi — de modo superficial. Desta vez ele levantaria questões, leria jornais, se misturaria às multidões. O carro entrou na rua Gorki. As pessoas, as lojas. Conseguiria se sentir em casa ali? A perspectiva de não conseguir o deixava em pânico. "Eu deveria ter estudado russo com mais afinco!", pensou. Mais uma destas coisas que ele se propunha a fazer e não fazia: não havia passado da sexta lição do método Assimil. Nicole tinha razão ao considerá-lo um velho preguiçoso. Ler, conversar, passear, para isso ele estava sempre disposto. Mas os trabalhos ingratos — como aprender uma língua, preencher fichas — ele deixava para depois. Então ele não deveria ter levado este mundo tão a sério. Sério demais, leviano demais. "É a minha contradição", disse a si mesmo alegremente. (Tinha adorado essa expressão ouvida de um camarada italiano, marxista convicto que oprimia a mulher.) Na verdade, ele não se sentia nem um pouco mal com isso.

A estação de trem, de um verde provocante: o verde moscovita. ("Se você não gosta desse verde, não gosta de Moscou", dizia André, três anos antes.) A rua Gorki. O Hotel Pequim: um modesto "bolo de noiva" se comparado aos prédios gigantescos e exageradamente decorados, supostamente inspirados no estilo do Kremlin, eriçados nos céus da cidade. Nicole se lembrava de tudo. E, assim que saiu do carro, reconheceu o cheiro de Moscou, um cheiro de gasolina ainda mais intenso que em 1963, sem dúvida porque havia muito mais carros, sobretudo mais caminhões e caminhonetes. Já se passaram três anos?, perguntou-se ela, ao entrar no grande hall quase vazio. (Um pano acinzentado cobria o balcão da banca de jornais; à porta do restaurante — de decoração exageradamente chinesa — pessoas faziam fila.) A rapidez com que os anos se passaram era angustiante. Quantas vezes ainda teria três anos para viver? Nada tinha mudado; a não ser para os estrangeiros — havia lhes prevenido Macha —, pois o preço dos quartos, antes irrisório, tinha triplicado. A vigia do terceiro andar lhes deu uma chave. Nicole sentiu o olhar em sua nuca ao longo do longo corredor. As janelas do quarto tinham cortinas. Tiveram sorte; em geral nos hotéis as vidraças eram nuas. (Na casa de Macha as janelas não tinham cortinas, apenas leves véus. A gente se habitua, dizia ela; a tal ponto que o escuro total teria lhe atrapalhado para dormir.) Lá embaixo, a grande avenida estava concluída; os carros mergulhavam no túnel sob a praça Maiakovski. A multidão nas calçadas exibia cores de verão: as mulheres passeavam com vestidos floridos, pernas e braços nus. Era junho, elas acreditavam que estava quente.

— Aqui estão algumas coisas que lhe trouxemos — disse Nicole a Macha, começando a desfazer a mala.

Uns romances novos, uns clássicos da Bibliothèque de la Pléiade, alguns discos. Também uns cardigãs, meias finas e blusas: Macha amava roupas elegantes. Ela acariciava com encanto lãs e sedas e comparava cores; Nicole foi ao banheiro. Outra sorte: as duas torneiras e a descarga funcionavam. Ela trocou de roupa e lavou o rosto.

— Que belo vestido! — elogiou Macha.

— É. Eu gosto dele.

Aos cinquenta anos, suas roupas lhe pareciam ou tristes demais ou muito alegres. Agora, ela sabia o que lhe era permitido ou proibido, e se vestia sem preocupação. Sem prazer também. Aquela relação íntima, quase terna, que antes tinha com suas roupas não existia mais. Nicole pendurou seu tailleur no armário: e, apesar de tê-lo usado durante dois anos, era-lhe agora um objeto indiferente, impessoal, no qual não encontrava mais nada de si. Enquanto isso, Macha sorria diante do espelho, não por causa da bela blusa que experimentava, mas por uma imagem que concebia de si mesma, inesperada e sedutora. É, eu me lembro, pensou Nicole.

— Reservei uma mesa no Praga — avisou Macha.

Ela se lembrara de que era o restaurante preferido de Nicole: tão atenciosa e com a memória tão bem organizada quanto a minha. Nicole compreendia a afeição de André por Macha. Sobretudo porque ele sempre desejou ter uma filha e demonstrava um certo rancor por Philippe ser homem.

Em dez minutos Macha os levou ao Praga. Deixaram os casacos no vestiário, rito obrigatório: proibido entrar em um restaurante vestindo um casaco ou com ele no braço. Eles se sentaram em um salão de lajotas, cheio de palmeiras e folhagens verdes; uma grande paisagem violeta cobria uma das paredes.

— Quantas vodcas? — perguntou Macha.

— Estou dirigindo: não vou beber.

— De qualquer forma peça trezentos gramas — disse André.

Os olhos dele procuraram os de Nicole.

— Na primeira noite?

— Na primeira noite, que seja — respondeu ela, sorrindo.

Ele tinha tendência a beber como fumava: em excesso; André havia desistido de lutar contra o tabaco, mas o álcool conseguia moderar.

— Abandono minha dieta na primeira noite — disse ela. — Para mim vai ser caviar e uma juliana de frango.

— A senhora está de dieta?

— Sim, há seis meses. Eu estava engordando.

Talvez Nicole comesse mais que antes da aposentadoria; em todo caso, ela gastava menos energia. Philippe tinha lhe dito um dia: "Mas o que é isso? Você está ficando redonda!" (Depois ele não pareceu perceber que ela havia emagrecido.) E justamente neste ano, em Paris, só se falava em entrar ou se manter na linha: baixas calorias, carboidratos, medicamentos milagrosos.

— A senhora está muito bem — comentou Macha.

— Perdi cinco quilos. E tomo cuidado para não os recuperar. Eu me peso todos os dias.

Antigamente ela não imaginava que pensaria em seu peso todos os dias. E eis que, quanto menos se reconhecia em seu corpo, mais se sentia obrigada a se ocupar com ele. Era seu fardo, e Nicole o fazia com uma devoção entediada, como se fosse um antigo amigo um pouco infeliz, um pouco para baixo, que precisasse dela.

— Então Philippe vai se casar — comentou Macha. — Como é a noiva?

— Bonita, inteligente — respondeu André.

— Ela não me agrada nem um pouco — acrescentou Nicole.

Macha começou a rir.

— Que jeito de dizer isso! Nunca vi uma sogra que gostasse da nora.

— Ela é do tipo "mulher completa" — explicou Nicole. — Existem muitas assim em

Paris. Com uma profissão incerta, que tenta se vestir bem, fazer esportes, manter a casa impecável e educar os filhos de forma admirável; como se para provar que é capaz de ser bem-sucedida em tudo. E no fim das contas se dispersa e não realiza nada. Meu sangue gela diante desse tipo de moça.

— Você é um pouco injusta — observou André.

— Talvez.

E de novo ela se pergunta: por que Irene? Eu imaginei que quando ele se casasse... Eu achei que ele não se casaria, que continuaria sendo o garotinho que me disse um dia, como todos os garotinhos: "Quando eu for grande vou me casar com você." E um dia ele me disse "Tenho uma grande novidade!" com o ar empolgado de um garoto que em um dia de festa tinha brincado demais, rido demais, gritado demais. E Nicole sentiu um gongo no peito, o sangue no rosto, todas as suas forças tensionadas para impedir o tremor dos lábios. Certa noite de fevereiro, as cortinas fechadas, a luz das lâmpadas sobre o arco-íris das almofadas e o abismo dessa ausência de repente aberto: "Ele vai viver com outra, em outro lugar." Pois bem! Preciso tomar partido, pensou ela. A vodca estava gelada, o caviar, de um cinza aveludado. Macha a agradava, ela teria André para si durante um mês. Nicole se sentiu plenamente feliz.

Ele se sentia plenamente feliz, sentado na poltrona entre as duas camas onde estavam instaladas de um lado Macha e do outro, Nicole. (Em 1963, Yuri estava em missão arqueológica e tinha levado Vassili, o apartamento de Macha estava vazio. Neste ano, para poder passar uma *soirée* sozinho com ela, não havia outra opção senão um quarto de hotel.)

— Eu me organizei de modo a ficar livre o mês inteiro — disse Macha.

Ela trabalhava em uma editora em Moscou que publicava obras clássicas de autores russos em francês, e em uma revista destinada a outros países com textos contemporâneos. Traduzia mas também lia, escolhia e propunha.

— Poderíamos ir a Vladimir no fim de semana — retomou ela. — Três horas de carro.

Macha discutia com Nicole: Novgorod, Pskov, Rostov-o-Grande, Leningrado. Nicole estava com vontade de passear, que seja; o motivo de ela ir à União Soviética era em grande parte para agradar André, e ele queria que a viagem fosse prazerosa para ela. André olhava as duas enternecido. Macha tinha muito mais afinidade com Nicole que com Claire, aquela belezinha boba que felizmente se empenhara tanto quanto ele em apressar o divórcio assim que o nascimento da filha fora legitimado. Estava feliz por elas se entenderem tão bem: as duas pessoas que mais amava no mundo. (Quanto a Philippe, nunca pôde se desvencilhar de um certo ciúme dele. Muitas vezes ficava de fora quando se tratava de Nicole e Philippe.) Nicole. Ela era muito mais importante que Macha. Mas, perto desta, tinha a sensação de que, sem ela, nunca mais teria tido novas experiências: uma impressão romanesca. Nada o impedia de viver novas aventuras. Certo dia, Nicole declarou que se sentia velha demais para os prazeres da cama. (Um absurdo, ele a amava hoje tanto quanto antigamente.) Havia então devolvido sua liberdade. Na verdade, Nicole seria bem capaz de ter uns ataques de ciúme: e ele não tinha mais tanto tempo de vida para desperdiçá-lo em brigas. Apesar dos exercícios e de um rigoroso autocontrole, André não gostava mais do próprio corpo, não era um presente a dar a uma mulher. Ele não sofria com a castidade de Nicole (salvo quando, ao pensar bem, via nesta indiferença um sinal da idade). Mas era sem alegria que pensava: "Acabou. A vida não me reserva mais nenhum imprevisto." E então aconteceu um, aconteceu Macha.

— Seu marido não vai ficar zangado conosco monopolizando você? — perguntou.

— Yuri não se zanga nunca — respondeu Macha com bom humor.

Segundo a conversa entre eles no Praga, ela parecia sentir por Yuri mais amizade que amor; mas, enfim, era uma sorte ela gostar um pouco dele: Macha se casou num impulso, para poder permanecer na União Soviética, enojada com o meio que sua mãe e seu padrasto frequentavam e com o mundo capitalista em geral. Este país se tornou o seu; daí vinha, em parte, o respeito que ela possuía aos olhos de André.

— Como está a situação cultural este ano?

— Como sempre: estamos lutando — respondeu Macha.

Ela fazia parte do campo que chamava de liberal, que lutava contra o academismo, o dogmatismo, as reminiscências do stalinismo.

— E vocês ganham?

— Algumas vezes. Corre um rumor de que certos cientistas estariam se preparando para desconstruir o conceito sacrossanto da dialética da natureza; isto já seria uma grande vitória.

— É bom ter pelo que lutar — comentou ele.

— Você também luta — disse Nicole com vivacidade.

— Não. Não depois da guerra da Argélia. Tento prestar serviços, não é a mesma coisa. Ainda por cima é quase sempre em vão.

Desde 1962, ele havia perdido toda ligação com o mundo, e talvez fosse por isso que se mobilizasse tanto: porque não agia mais. Sua impotência — a de toda a esquerda francesa — às vezes o deixava com o humor sombrio. Sobretudo ao acordar: em vez de se levantar, André se enfiava debaixo das cobertas, cobrindo a cabeça com o lençol até se lembrar de um compromisso urgente e pular da cama.

— Então por que você faz isso? — indagou Macha.

— Não vejo nenhuma razão para não fazer.

— Poderia trabalhar para si mesmo. Os artigos dos quais falava, há três anos...

— Não os escrevi. Nicole dirá a você que sou um velho preguiçoso.

— Nunca! — exclamou Nicole. — Você vive como gosta de viver. Por que se forçar a ser diferente?

Ela realmente pensava assim? Nicole não o importunava mais como antigamente, mas sem dúvida era por ter cansado de brigar. Ela não teria dado tanta importância à tese do filho se não tivesse ficado decepcionada com o marido. Pouco importa.

— É uma pena — disse Macha.

Um eco repetiu dentro de André: é uma pena. Sua postura em relação aos lamentos de Nicole já estava definida. Mas gostaria de oferecer a Macha uma imagem diferente desta: a de um velho aposentado que não realizou nada. Ele formulara, sobre os acontecimentos contemporâneos, pensamentos que Nicole achava interessantes. Várias vezes prometeu a si mesmo que iria desenvolvê-las. Mas o presente o devorava; ele não queria estudar o passado antes de compreender o mundo de hoje: e quanto tempo levava ficar a par de tudo! E, apesar disso, um dia essa exploração terminaria, pensava ele, então daria seguimento aos projetos esboçados com entusiasmo e — provisoriamente — abandonados. O dia não veio nem virá. Hoje André se rendia à evidência: o trabalho era infinito. A cada ano ele ficava mais bem-informado e se sentia mais ignorante. Os pontos obscuros, as dificuldades e as contradições se multiplicavam ao seu redor. A China lhe parecia bem mais impenetrável que em 1950. A política externa da União Soviética o desconcertava.

— Nunca é tarde demais — retomou Macha com uma voz encorajadora.

Como ele temia tê-la entristecido.

— Não, não é tarde demais — concordou ele com entusiasmo.

Era tarde demais, ele não mudaria. Na verdade, teria sido possível se informar sobre seu tempo e se aprofundar num ponto de história ao mesmo tempo, se tivesse sabido, como o fez Philippe, impor-se disciplina. Mas, talvez por ter recebido obrigações demais na infância, toda imposição lhe era insuportável. André mantivera o gosto por faltar à escola, por matar aulas — atitudes tão severamente punidas e, por isso mesmo, tão deliciosas. Nunca censurou sua preguiça com sinceridade: era resultado de sua abertura ao mundo, de sua vontade de ficar disponível. De repente, sob os olhos de Macha, a preguiça lhe surgia de maneira diferente: como uma ruga, uma mania, um defeito que o marcava de forma indelével. Ele a tinha permitido, ela emanava dele: e agora, mesmo que quisesse, não poderia derrotá-la.

— É comovente a maneira como Macha é apegada a você — comentou Nicole quando eles ficaram a sós.

— Eu me pergunto por quê. Imagino que Yuri seja mais um camarada que um apoio para ela. Macha queria um pai. Ao chegar a Paris em 1960, decidiu me amar.

— Não seja tão modesto — disse Nicole, rindo. — Eu te amei sem ter decidido.

— Eu era jovem.

— Você não envelheceu.

André não retrucou. Nicole parecia não ter consciência de sua idade; e ele não comentava sobre a própria, mas pensava nisso com frequência, com um sentimento de espanto. Durante muito tempo — com má-fé, com descuido e com fabulações —, recusou-se a se considerar um adulto. Esse professor, esse pai de família, esse quinquagenário, esse não era ele. E eis que a vida se fechava ao seu redor; nem o passado nem o futuro lhe ofereciam mais um álibi. Era um sexagenário, um velho aposentado que não havia realizado nada. Melhor isso que nada. O arrependimento que lhe tocara de leve já se dissipara. Professor na Sorbonne, historiador renomado, ele reencontraria o peso desse outro possível destino em seu passado, e não lhe seria mais leve. O espanto é se ver definido, acabado, feito; é ver os instantes efêmeros se somarem e formarem uma trama que nos prende numa armadilha. Ele beijou Nicole e foi para a cama. Os sonhos: pelo menos isso ainda tinha. Encostou a bochecha no travesseiro. Gostava de se sentir escorregando no sono. Seus sonhos o faziam viajar mais profundamente que qualquer livro, que qualquer filme. Ele ficava encantado com sua gratuidade. Com exceção daqueles pesadelos ignóbeis onde todos os dentes despencavam de sua boca, nos sonhos ele não tinha idade, escapava ao tempo. Sem dúvida eles se situavam em sua história, floresciam em seu passado: mas de maneira, para ele, misteriosa; e não se prolongavam em seu futuro: um presente puro. A cada noite eles se apagavam e surgiam, sem se acumular: uma eterna novidade.

* * *

— Eu gostaria de ao menos entender por que é proibido, aos estrangeiros, ir de carro a Vladimir — disse André.

O trem corria rápido, sem trancos; porém todos os bancos do vagão davam as costas à locomotiva, e Nicole não conseguia viajar de marcha a ré sem ficar com o estômago embrulhado. (Que humilhação, enquanto tentava competir com garotos saudáveis, fortes e resistentes!) Ela ficava ajoelhada em sua poltrona, virada para André e Macha: no fim das contas era um sacrifício.

— Entenda que não há nada a entender — explicou Macha. — A estrada é boa; as aldeias que atravessamos são prósperas. É o absurdo burocrático, um ranço antigo de desconfiança de estrangeiros.

— Gentileza e desconfiança. Combinação engraçada — comentou Nicole.

Isso os havia desconcertado em 1963. Nas filas de espera — diante do Mausoléu, da GUM, às portas dos restaurantes —, bastava uma palavra de Macha e as pessoas se afastavam para deixá-los passar. Entretanto, na Crimeia, eles encontraram proibições em todo canto: a costa oriental e Sebastopol estavam interditados para estrangeiros. O Intourist havia alegado que a estrada da montanha que liga Yalta a Simferopol estava em obras: mas alguém confiou a Macha que, na verdade, estava fechada apenas para estrangeiros.

— Você não está muito cansada? — perguntou André.

— Posso aguentar.

Nicole sentia-se um pouco moída; mas esquecia-se do cansaço vendo passar os campos, vastos e tranquilos, enternecida pela luz de um sol que ainda não se pusera. Ela havia acabado de ter quatro belos dias. Moscou mudara um pouco; mas para pior. (Pena que as mudanças ocorram quase sempre no mau sentido, tanto para os lugares como para as pessoas.) Avenidas foram abertas e antigos bairros, demolidos. Proibida para automóveis, a Praça Vermelha parecia maior, mais solene: um lugar sagrado. De modo lamentável, enquanto antigamente ela despontava até o céu, agora, atrás da Catedral de São Basílio, um imenso hotel barrava o horizonte. Mas nada impediu Nicole de rever feliz as igrejas do Kremlin, seus ícones, os dos museus; e ainda sobravam muitas casas antigas que a seduziam, sobretudo à noite, quando se percebia, através das janelas de vidro e de telas formadas por folhagens, a luz quente de um abajur antigo, de seda laranja ou rosa, com franjas.

— Chegamos. É Vladimir — anunciou Macha.

Eles deixaram as malas no hotel. Era tarde demais para jantar ali. Macha tinha decidido que fariam um piquenique fora. No céu ainda rosado, a lua havia se erguido, completamente cheia. Eles seguiram um caminho que ladeava as muralhas do Kremlin: aos seus pés um rio, a estação de trem, centelhas de luzes brilhando. Eles atravessaram um jardim perfumado de phlox e petúnias, onde se erguia uma igreja; namorados se beijavam pelos bancos.

— Podemos parar aqui — sugeriu Nicole.

— Um pouco mais longe é melhor — indicou Macha.

Ela comandava, eles obedeciam. Nicole achou engraçado porque não estava acostumada a obedecer.

Continuaram caminhando e entraram em outro jardim em volta de outra igreja.

— Vamos sentar aqui. É a mais bela igreja de Vladimir.

Esbelta, alta, coroada com um só bulbo dourado, metade do seu vestido branco era coberta de bordados finos. Esplêndida em sua simplicidade. Eles se sentaram, e Macha desembrulhou o farnel.

— Só vou comer dois ovos cozidos — avisou Nicole.

— A senhora não está com fome?

— Sim, mas não quero engordar.

— Ah! Não fique obcecada com isso — reclamou Macha. — Coma mais um pouco!

A voz carrancuda e indignada de Macha fez Nicole sorrir: ninguém falava com ela nesse tom. E deu uma mordida em um pirojki.

— Será que Yuri e Vassili são tão obedientes quanto eu?

— Eles são obedientes o suficiente — respondeu Macha, rindo.

— Então tente intimidar seu pai: diga a ele que com quarenta cigarros por dia corre o risco de desenvolver um câncer de pulmão.

— Deixem-me em paz, vocês duas — disse André, em tom gentil.

— É verdade, você fuma demais — declarou Macha.

— Passe-me a vodca, então.

Macha serviu os copinhos de papelão e, por um momento, eles comeram e beberam em silêncio.

— Esta igreja é linda — comentou André com certo pesar na voz. — Estou olhando com bastante atenção, e sei que daqui a oito dias não vou mais me lembrar dela.

— Eu também não — disse Nicole.

Sim, ela vai esquecer a igreja branca e dourada como tinha esquecido tantas outras. Aquela curiosidade que havia mantido quase intata lhe parecia com frequência como uma sobrevivência obstinada: mas de que servia se as lembranças se reduzem a poeira? A lua brilhava, como a estrelinha que a acompanha fielmente, e Nicole se lembrou dos versos bonitos de *Aucassin e Nicolette*: "Estrelinha, eu te vi/ Que a lua traz a si." Esta é a vantagem da literatura, pensou ela: nós guardamos as palavras conosco. As imagens murcham, deformam-se, apagam-se. Mas ela reencontrava as velhas palavras em suas cordas vocais, quase como foram escritas. As palavras os uniam aos séculos passados, quando os astros brilhavam exatamente como hoje. E esse renascimento e essa permanência lhe davam uma impressão de eternidade. A terra se desgastou; e, no entanto, havia momentos como este, nos quais ela parecia fresquinha como nas primeiras eras e nos quais o presente era suficiente. Nicole estava ali, ela olhava a igreja: sem motivo, só para vê-la. Quentinha por causa de uns goles de vodca, ela percebia um charme pungente nesse desinteresse.

Eles voltaram. Nenhuma cortina nas janelas, mas Nicole enrolou um xale na cabeça e dormiu rápido. Enternecimento do despertar. No quarto inundado de luz, ele estava encolhido na cama, os olhos vendados como um condenado à morte, a mão apoiada na parede em um gesto infantil, como se estivesse perdido no sono e tivesse precisado sentir a solidez do mundo. Quantas vezes ela havia se sentado — e se sentaria ainda — à beira da cama, colocando a mão em seu ombro, balançando-o levemente. Às vezes André murmurava: "Bom dia, minha mãezinha", depois se espreguiçava todo e sorria com ar aturdido. Ela pôs a mão no ombro dele.

— Quero lhes mostrar uma coisa — disse Macha, empurrando a porta de uma igreja. E os guiou através da penumbra. — Olhem o destino reservado aos estrangeiros.

O afresco representava o Julgamento Final. À direita dos anjos, os eleitos com longas túnicas, sem idade; à esquerda, os destinados ao inferno, uns franceses em trajes de outras épocas, com casacas pretas, culotes apertados nas panturrilhas, colarinho de renda e barbichas pontudas; e, atrás deles, os muçulmanos com seus turbantes.

— Definitivamente, é uma tradição antiga — comentou Nicole.

— De fato — concordou Macha. — Salvo durante raros períodos, a Rússia foi amplamente aberta ao Ocidente. Mas certos setores são sempre hostis, em particular a Igreja. Reparem que eles são punidos como infiéis, não por causa da nacionalidade.

— Na prática o resultado é o mesmo — disse André.

Ele estava mal-humorado esta manhã. O dia anterior havia sido encantador. André gostava de Vladimir, de suas igrejas, dos afrescos de Rublev, e não se importava em comer mal, sua mãe o educara bem. Mas a discussão iniciada por Macha o irritava. Até aquele momento ele tivera certeza de que ela compartilhava suas opiniões.

— A raiz do seu nacionalismo não será arrancada facilmente — recomeçou ele, saindo da igreja. — Em suma, o que acaba de me explicar é que vocês não são mais um país revolucionário e que estão muito bem assim.

— Nada disso. Fizemos a revolução e ela não está em questão. Mas vocês na França não sabem o que é a guerra. Nós sabemos. Nós não a queremos.

Macha falou com raiva, e André também estava irritado.

— Ninguém a quer. O que eu digo é que, se vocês deixam as mãos da América livres, se não fazem nada para interromper sua ascensão, é aí que ela se torna perigosa. Munique não impediu nada.

— Você acha que, se bombardearmos as bases americanas, os Estados Unidos não vão reagir? Não arriscaremos isso.

— Se eles atacarem a China, vocês não farão nada também?

— Ah! Vocês não vão recomeçar — interrompeu Nicole. — Estão discutindo há duas horas: um não vai convencer o outro.

Eles caminharam um momento em silêncio. As ruas estavam cheias de gente. Era a festa das bétulas: um substituto, sem dúvida, do Corpus Christi. As pessoas dançaram até a meia-noite em um grande *dancing* ao ar livre (sem mesas nem cadeiras, só uma pista de dança com uma cerca). De manhã cedo desfilaram pela avenida central caminhões apinhados de moças com vestidos brancos e rapazes com gravatas vermelhas levando galhos de bétula. E cantando. O bufê foi servido em uma casa no parque: havia mesinhas do lado de fora e mesas grandes no interior, com muitos doces e pãezinhos.

— Vamos nos sentar e comer algo — propôs Macha.

— Ah! Sim. Se pudermos comer, vamos comer — disse Nicole.

A véspera, em Vladimir, foi escassa de comida. O restaurante não servia nem peixe, nem cordeiro, nem aves, nem legumes, nem frutas: só uns ensopados que Nicole e Macha consideraram não comestíveis. O pão, nem preto nem branco, tinha gosto de cola. Em frente ao hotel havia uma fila para comprar uns biscoitos de quebrar os dentes. E nesta manhã mulheres saíam da festa carregadas de guirlandas de pretzels, as cestas cheias de comida. Eles pediram bolos e sanduíches de ovos e queijo, ambos excelentes.

— Nada para comer na cidade, e aqui esta abundância. Como é possível? — questionou André.

— Eu disse a você para não tentar compreender — respondeu Macha.

Segundo ela, não se deve se espantar com nenhuma incoerência, com nenhum absurdo. O país continuava atrapalhado com um aparelho burocrático antiquado, responsável por enormes desperdícios e por medidas paralisantes. O governo se esforçava, por todos os meios, para combater esta inércia; mas precisava de tempo para atingir o objetivo.

— Você se lembra da história das cadeiras escolares? — retomou ela.

Macha havia saído do hotel às gargalhadas na manhã anterior por causa de um programa que acabara de ouvir na rádio de Vladimir.

Uma fábrica produzia os encostos de cadeiras escolares; uma outra, os assentos; e uma terceira fazia a montagem. Por um lado, sempre havia escassez de assentos ou encostos; por outro, quando se tentavam montar os dois pedaços, um deles quebrava. Depois de andanças e trâmites, investigações, controles e relatórios, a conclusão foi que o problema estava no procedimento de montagem. Mas seria preciso percorrer um imenso caminho administrativo antes que a autorização para modificá-lo pudesse ser concedida. "Completo absurdo", dissera Macha, explicando também que a difusão radiofônica dessa história fazia parte da luta antiburocrática. Ela julgava o regime com muita liberdade e fazia críticas sutis. Se apoiava a política externa, não era por uma obediência cega, e André ficava um tanto desconcertado com isto. Ele não queria mais falar no assunto, não agora. Olhava o povo ao redor: os rostos reluziam de alegria, como se as pessoas participassem espontaneamente destes desfiles, destas cerimônias, de toda esta festa. No entanto, todos pareciam bastante harmoniosos, obedecendo a ordens comuns. Alegria e disciplina: não são contraditórias. Mas André bem que gostaria de saber como as duas coisas se conciliavam. De modos diferentes, sem dúvida dependendo da idade e da condição social. Se ao menos entendesse o que diziam!

— Você deveria nos dar aulas de russo — sugeriu ele a Macha.

— Ah, não! — exclamou Nicole. — Eu nem conheço o alfabeto. O que você quer que eu aprenda em um mês? Mas, se você gosta, faça umas aulas — acrescentou ela.

— E você ficaria entediada enquanto isso?

— Eu não. Eu leria.

— Pois bem! Começamos amanhã — decidiu André. — Talvez eu me sinta um pouco menos perdido.

— Você se sente perdido?

— Completamente.

— Esta vai ser sua primeira frase ao chegar ao paraíso, ou ao inferno: eu me sinto completamente perdido — disse Nicole, sorrindo carinhosamente.

Sempre sorria das ansiedades de André. Em viagem, ela aceitava as coisas tal como se apresentavam. "Ora! É a África e é uma colônia!", dizia-lhe ela em Ghardaia. (O primeiro encontro de André, ainda jovem, com Magreb. Lá, havia camelos e mulheres com véus, mas, nas lojas, latas de conserva e quinquilharias; era a longínqua Arábia e uma aldeia francesa: ele não conseguia entender como os homens com quem cruzava conviviam com esse duplo pertencimento.) As razões do seu espanto atual eram mais sérias. Como um soviético poderia se sentir bem consigo mesmo? Até que ponto essa juventude que passava cantando pelas ruas se pareceria com a nossa, ou em que ela era diferente? Como se misturavam neles a vontade de construir o socialismo e o egoísmo nacional? Muita coisa dependia das respostas que se poderia dar a estas questões.

— Você se engana ao falar de egoísmo — disse Macha algumas horas mais tarde. No quarto onde eles descansavam tomando um chá, depois de uma longa caminhada, ela retomou a conversa da manhã em um tom mais descontraído. — A guerra nuclear não tem relação apenas conosco, mas com o mundo inteiro. Entenda que estamos divididos entre dois imperativos: ajudar o socialismo pelo mundo e garantir a paz. Não queremos renunciar nem a um nem a outro.

— Ah! Sei bem que a situação não é simples.

— Se vocês parassem por aí — interveio Nicole com vivacidade. — Macha quer que eu veja sua tradução com ela. Se não fizermos isso logo, não teremos mais tempo.

— Sim, temos que fazer logo isso — concordou Macha.

Elas se sentaram lado a lado diante da mesa. André abriu um guia da União Soviética que trouxera de Paris e fingiu estar absorto na leitura, mas seus pensamentos davam voltas. Era evidente que não se podia excluir a hipótese de uma resposta americana a qualquer tentativa de contraescalada. E então?

A bomba, em 1945, parecia uma ameaça abstrata: hoje ela é uma angustiante realidade. Havia pessoas que não se incomodavam. "Uma vez que eu morra, que a terra sobreviva ou não, não é problema meu." Um amigo de André chegara a dizer: "Já que é assim, eu me arrependo menos pensando que não deixo nada para trás." Quanto a ele, se mataria assim que soubesse que a terra iria explodir. Ou simplesmente que toda a civilização seria destruída, que a continuidade da história seria interrompida e que os sobreviventes — chineses, sem dúvida — recomeçariam do zero. Talvez fizessem o socialismo triunfar, mas o sistema deles não teria nada a ver com o que seus pais, seus camaradas e mesmo André haviam sonhado. Entretanto, se a União Soviética optasse pela coexistência pacífica, o socialismo não seria um projeto para o futuro. Quanta esperança perdida! Na França, a Frente Popular, a Resistência e a emancipação do Terceiro Mundo não fizeram o capitalismo recuar nem um centímetro. A Revolução Chinesa gerou o conflito sino-soviético. Não, o futuro nunca pareceu tão desolador a André. "Minha vida não terá servido para nada", pensou. Tudo o que havia desejado era que sua vida se inscrevesse de modo útil em uma história que levasse os homens à felicidade. Talvez um dia conseguissem. André tinha acreditado por tempo demais para não continuar acreditando mais um pouco: mas isto ocorreria através de desvios que levariam a história a deixar de ser sua.

A voz de Nicole o afastou de seus pensamentos.

— O francês de Macha é perfeito; talvez perfeito demais, um tanto afetado.

— Tenho muito medo de cometer erros — justificou Macha.

— Percebe-se.

Elas se voltaram novamente para as folhas datilografadas, sorrindo e cochichando. Nicole, em geral tão severa com as mulheres, sentia uma verdadeira amizade por Macha; o entendimento entre as duas agradava a André.

— Também quero ver essa tradução — disse ele.

Mesmo que o futuro parecesse desolador, não seria possível estragar esse momento de intimidade e ternura. André deixou suas ruminações de lado.

★ ★ ★

— Eu me sentaria de bom grado — disse Nicole.

O restaurante uzbeque era um charme com seus pequenos pavilhões espalhados pelo jardim e uma clientela exótica: homens de rostos achatados, olhos puxados, bonés quadrados na cabeça, mulheres com vestidos de seda multicolorida e pesadas tranças pretas. Comiam-se ali os melhores chachliks de Moscou. Mas — em todo canto era a mesma coisa — a balbúrdia da orquestra os pusera para fora assim que engoliram o último pedaço. Macha tinha proposto uma caminhada. Mas, como eles haviam andado muito o dia todo, Nicole estava cansada. Um vexame; antigamente ela andava quilômetros com tanta alegria quanto André! Agora, toda noite, após longas perambulações pela cidade, suas pernas a traíam. Nicole não deixava que ele percebesse. Mas era uma besteira esconder isso. Eles passaram em frente a um banco vazio, algo raro, melhor aproveitar. Sentaram-se.

— Então, finalmente podemos ir a Rostov-o--Grande, ou não?

— Receio que não — disse Macha.

— E o passeio sobre o Moskva?

— Posso perguntar...

— Ah! Por que não ficar em Moscou simplesmente? — sugeriu André. — Temos tantas coisas a rever.

— De qualquer forma vamos revê-las.

Rever. Houve uma época, por volta dos quarenta anos, em que rever as coisas a encantava. Antes, não, ela tinha sede de novidades. Atualmente também. Tão poucos anos de vida: andar todos os dias pela Praça Vermelha era tempo perdido. Ela era magnífica: que surpresa, há três anos. Mas Nicole já a conhecia bem. Era essa a grande diferença entre a primeira viagem e esta agora. Em 1963, tudo era novidade; desta vez, quase nada. Daí vinha sem dúvida essa leve decepção.

— E onde passaremos a *soirée*? — perguntou ela.

— Por que não aqui? — disse André.

— Neste banco, a *soirée* toda?

Este ano, não sabiam aonde ir à noite. Yuri parecia muito gentil — como não falava francês, a comunicação com ele era bastante limitada —, mas ficava trabalhando no quarto, e Vassili no dele; para não os atrapalhar, era preciso cochichar e, ainda assim, sentiam estar incomodando. O quarto do hotel não era acolhedor. Foram construídos vários cafés durante estes últimos três anos; por fora não eram feios, com suas paredes de vidro; mas, no interior, pareciam leiterias, faltava conforto e um clima intimista; aliás, a esta hora já estavam fechados. E agora este banco, em uma praça que cheirava a gasolina, ao lado de uma estação de metrô?

— Estamos bem aqui — disse André. — Há um bom aroma de plantas.

Ele ficava bem em qualquer lugar. Com um terno de flanela, não sentia frio; para Macha, abaixo de dez graus ainda era quente; mas o frio deixava Nicole, com seu vestido leve, arrepiada. E, ainda por cima, passar a *soirée* em um banco lhe causava aflição.

— Estou com frio — declarou ela.

— Podemos ir ao bar do Nacional — disse Macha.

— Boa ideia.

O bar ficava aberto até as duas da manhã; pagava-se em divisas estrangeiras. Ali era possível conseguir uísque e cigarros americanos; ela chamou isso à atenção de André e Macha no dia em que almoçaram lá, mas eles não comentaram nada. Macha o havia notado, e o lembrara na hora certa. Eles se levantaram.

— É longe?

— Uma meia hora de caminhada. Talvez consigamos um táxi — disse Macha.

Nicole queria muito um táxi: suas pernas e seus pés doíam. Em geral, era fácil encontrar um: e o número de táxis havia duplicado desde 1963. Muitos circulavam esta noite, com aquele letreiro verde iluminado de modo promissor; mas podiam-se fazer todos os gestos que eles passavam direto implacavelmente: não era permitido parar nessas grandes avenidas. O ponto mais próximo era muito longe, e talvez tivesse uma longa fila de passageiros sem nenhum carro. Caminhar e sentar nos bancos, um duro regime. Para seus habitantes, Moscou talvez fosse muito boa; Macha não gostaria de viver em outra cidade, muito menos em Paris (o que era, no mínimo, surpreendente). Mas, para os estrangeiros, que austeridade! Talvez eu tenha envelhecido demais nestes últimos três anos, disse Nicole a si mesma: já não suporto tão bem o desconforto. E isso só vai piorar. "Estamos na flor da última idade", dizia André. Estranha flor: de cardos.

— Estou caindo de cansaço — comentou.
— Já estamos chegando.
— Envelhecer é feio.

Macha a pegou pelo braço.

— Vamos lá! A senhora é tão jovem, os dois são.

Diziam isto constantemente: a senhora tem um ar jovem, vocês são jovens. Elogios ambíguos que anunciam futuros penosos. Manter a vitalidade, a alegria e a presença de espírito é continuar jovem. Logo, são próprios da velhice a rotina, a melancolia, a caduquice. Dizem: a velhice não existe, não é nada; ou então: é muito bonita, muito tocante; mas, quando a encontram, fantasiam-na em palavras mentirosas. Macha dizia: a senhora é jovem, mas pegou Nicole pelo braço. No fundo, era por causa dela que, desde a chegada, Nicole sentia o peso da sua idade. Dava-se conta de que conservava a imagem que tinha de si mesma aos quarenta anos: ela se reconhecia nesta jovem e vigorosa mulher; principalmente porque Macha era cheia de experiências e autoridade, tão madura quanto Nicole: duas semelhantes. E depois, de repente, um gesto, uma inflexão de voz ou uma atenção lhe lembravam de uma diferença de vinte anos entre as duas — que estava com sessenta anos.

— Que confusão! — exclamou André.

O bar era enfumaçado e barulhento. Apenas uma mesa livre, espremida entre dois jovens americanos de risos ruidosos e franceses de meia-idade que gracejavam muito alto. Uns alemães ocidentais — só as moedas ocidentais eram aceitas — cantavam em coro. Um disco de jazz que quase não se ouvia. Mas era agradável reencontrar o gosto de uísque, o gosto das *soirées* em Paris com André, com Philippe. (Estava quente lá; eles teriam se sentado à calçada de um café em Montparnasse.)

— Está satisfeito em voltar ao Ocidente?
— Por um momento, sim.

Ele havia se isolado. Não escrevera a ninguém. Só uma palavrinha rabiscada na última carta de Nicole a Philippe. Sorria de manhã quando ela comprava, obstinada, o jornal *L'Humanité* de vários dias atrás. André era sempre assim em viagem. Esquecia Paris facilmente; não tinha raízes lá.

— A alegria das delegações! É pior que o casamento de um peruqueiro! — disse ele com ar de derrota.

— Você quer ir embora?
— Claro que não.

Ele ficava para agradar Nicole, mas não teria vontade de voltar ao bar; Macha também não, ela não se sentia bem naquele ambiente. (Nem um russo sequer; com exceção de duas mulheres excessivamente maquiadas que com certeza buscavam fazer fortuna.) Entretanto, o lugar era agradável, aberto — pelo menos entreaberto ao mundo. Um negro alto, de camisa vermelha, começou a dançar sozinho, e as pessoas marcavam o ritmo batendo palmas.

— Ele dança muito bem — comentou Nicole.

— É.

André parecia ausente. Ele tinha adquirido um cacoete havia alguns dias: apertava a bochecha com o dedo na gengiva. Nicole disse com certa impaciência:

— Está doendo? Vá a um dentista.

— Não está doendo.

— Então por que você apalpa o tempo todo?

— Estou verificando se não está doendo.

Houve uma época em que André media o pulso vinte vezes por dia, o olhar fixo nos ponteiros de seu relógio de pulso. Pequenas manias sem gravidade, mas que são, de qualquer modo, um sinal. De quê? De que se está envelhecendo e de que a senilidade está à espreita. Senilidade. Ela conhecia de cor as definições do dicionário, cuja disparidade a surpreendera. Juvenilidade: caráter do que é juvenil. Senilidade: enfraquecimento do corpo e do espírito produzido pela velhice.

* * *

Yuri e Nicole tinham saído logo depois do almoço, André ficara com Macha para a aula de russo. Ele estendeu a mão para a garrafa de vodca.

— Chega de trabalho por hoje.

E acrescentou com despeito:

— Também não tenho mais memória.

— É um bom argumento.

— Não consigo fixar o que aprendo. Vou esquecendo à medida que o tempo passa.

Bebeu um gole de vodca e Macha meneou a cabeça com ar de desaprovação.

— Nunca vou me habituar a essa maneira de beber.

Ela virou o copo de uma vez.

— É verdade que para aprender uma língua um mês não é quase nada — comentou ele.

— Por que um mês? Vocês têm algo de especial para fazer em Paris?

— Nada.

— Então fiquem mais um pouco.

— Por que não? Vou conversar hoje à noite com Nicole.

Moscou estava alegre nestes belos dias de verão. As pessoas se apressavam na fila dos caminhões-tanque que distribuíam kvas e cerveja; tomavam de assalto as máquinas automáticas que, por um copeque, liberavam uma água mais ou menos fresca, e, por três, um refresco com um vago gosto de fruta; e havia bom humor nos rostos.

Eles eram muito menos disciplinados do que André imaginara: atravessavam a rua quando o sinal estava vermelho com a mesma tranquilidade de quando estava verde. Ele pensou na conversa que teve com Yuri durante o almoço.

— Yuri não me convenceu — disse ele.

— No entanto, asseguro a você que ele tem razão — retrucou Macha.

Eles haviam falado sobre os recentes acordos concluídos com a Renault, e André tinha ficado surpreso com o fato de a União Soviética pretender fabricar 600 mil carros de passeio em vez de melhorar a rede rodoviária e os transportes coletivos. Mas os transportes coletivos funcionavam bem, argumentava

Yuri, e construir estradas antes que a população sentisse necessidade delas seria uma política ineficaz: a população as reivindicaria assim que possuísse carros. Mesmo em um regime socialista, os cidadãos têm direito a alguns prazeres da ordem privada. O governo realizava um vigoroso esforço para promover os bens de consumo: era preciso congratulá-lo.

— Você acha que é possível construir o socialismo multiplicando as concessões à propriedade privada?

— Eu acho que o socialismo é feito para os homens, e não o inverso — respondeu ela.

— É preciso se preocupar um pouco com os interesses do povo a curto prazo.

— Sim, claro.

O que ele imaginava afinal? Que ali os interesses dos homens eram diferentes? Que eles se apegavam menos aos bens materiais? Que o ideal socialista vivia dentro deles e ocupava o lugar de todo o resto?

— Os chineses nos acusam de sermos degenerados. É um absurdo; não se trata de voltar ao capitalismo. Mas, veja bem, esse povo só viveu sacrifícios: durante a guerra; durante o período da reconstrução. Ainda hoje não somos mimados. Não se pode impor tal austeridade indefinidamente.

— Essa austeridade não me incomoda tanto. Minha infância foi mais difícil que a de Vassili. A vida da minha mãe não foi fácil. E ela é feliz, ou tanto quanto se pode ser feliz aos oitenta e três anos, porque tem poucas necessidades.

— Por que você diz: tanto quanto se pode ser feliz aos oitenta e três anos? Ver atrás de si uma longa vida, bem vivida, deve dar uma imensa satisfação.

Macha mudava de assunto de propósito. Não gostava de falar com André do país em que ela vivia como seu; nem que ele dirigisse críticas ou elogios à União Soviética. Ela o reprimia com uma certa impaciência.

— Você é muito abstrato — acusava várias vezes.

Ele abandonou o assunto.

— Com oitenta e três anos não se tem mais futuro; o que tira todo o charme do presente!

— Se eu chegar a essa idade, acho que passarei os dias recontando a mim mesma minha história. É fantástico: oitenta e três anos nas costas! Imagine tudo o que ela viu!

— Até eu já vi muita coisa. E o que me resta?

— Muita coisa! Tudo o que você me contou ontem, sobre sua época nos Falcões Vermelhos e as brigas eleitorais em Avignon...

— Eu conto as histórias; não fico me lembrando delas.

Seria lindo, pensava ele constantemente, se o passado fosse uma paisagem na qual se pudesse passear a seu bel-prazer, descobrindo pouco a pouco todos meandros e recantos. Mas não era o caso. Ele podia recitar nomes e datas, como um aluno repete uma lição bem decorada; possuía um certo saber e imagens mutiladas, empalidecidas, tão fixadas como as de um livro de história. Elas surgiam, aleatoriamente, sobre um fundo branco.

— Mesmo assim, melhoramos com o avançar da idade — disse Macha. — Eu me sinto melhor que aos vinte anos. Você não?

— Um pouco mais; e muito menos.

— O que perdeu?

— A juventude.

Macha se serviu de um copo de vodca. O terceiro? O quarto?

— Detestei ser jovem — declarou ela.

André olhou para Macha com um pouco de remorso. Ele a gerou e depois a abandonou com uma mãe idiota e um embaixador.

— Você sentiu falta de um pai de verdade?

Ela hesitou.

— Não de modo consciente. Eu me ocupava com o futuro. Escapar do meu meio. Arranjar um bom casamento. Educar Vassili bem. Ser útil. Depois, amadurecendo, senti falta de, como dizer?, raízes. O passado se tornou importante: digo, a França. E você.

Ela o olhava com um ar confiante, e André se sentia culpado, não só por causa do passado, mas porque gostaria de lhe oferecer alguém mais brilhante como pai hoje.

— Você não fica um pouco decepcionada por eu nunca ter conseguido realizar nada?

— Que ideia! Você ainda tem muitos anos de vida.

— Não. A verdade é que eu não farei nada. Talvez, se eu deixasse Paris. Mas Nicole não suportaria morar em outro lugar. Nem se separar de Philippe.

Havia falado disso com ela, rindo. E rindo ela respondera: "Você morreria de tédio, assim como eu." Não. André sonhava com isso constantemente. Sua mãe não os atrapalharia. Ele faria jardinagem, pescaria trutas nas águas verdes do rio Gard, caminharia com Nicole sobre as ervas perfumadas das charnecas, leria preguiçosamente e, talvez, trabalharia. Talvez. Mas, em todo caso, seria sua única chance. Em Paris, nunca.

— De qualquer forma, pouco importa — disse ela. — Sou da opinião de Nicole: é preciso viver como se tem vontade.

— Não tenho certeza de que ela seja mesmo dessa opinião. E você mesma disse: é uma pena!

— Eu disse isso sem pensar.

Macha se inclinou e lhe deu um beijo.

— Eu te amo como você é.

— E como eu sou?

Ela sorriu.

— Você quer elogios? Pois bem! O que me marcou em 1960, e continua sendo verdade, é como você podia ao mesmo tempo se entregar aos outros e estar presente em si mesmo. E ainda sua atenção às coisas: perto de você, tudo se torna importante. E você é alegre. Juro que continua jovem: mais jovem que todas as pessoas que conheço. Você não perdeu nada.

— Se eu a agrado tanto assim.

Ele também sorria, mas sabia bem que perdera algo; aquela chama, a seiva que os italianos chamam por um nome tão bonito: a *stamina*. Esvaziou o copo. Sem dúvida era por isso que buscava o calor inebriante do álcool. Você bebe demais, dizia Nicole. Mas o que nos resta em nossa velhice? Ele tocou a gengiva. Pouco sensível. Mas ainda assim sensível. Se o dentista não conseguisse salvar o dente que sustentava sua ponte, a única solução seria uma dentadura: que horror! André não desejava mais ser atraente, mas que ao menos, ao vê-lo, fosse possível imaginar o quanto o havia sido no passado! E não se tornar um ser inteiramente assexuado. Ele mal começava a se habituar à sua condição de adulto, e já seria lançado à de velho. Não!

— Nicole também se incomoda com a velhice?

— Menos que eu, acho.

— Ela ficou decepcionada por não ter ido a Rostov?

— Um pouco.

Indomável Nicole, pensou ele com ternura. Tão enérgica e tão ávida quanto aos vinte anos. Sem ela, ele teria se contentado em dar voltas pelas ruas de Moscou, falando pelos cotovelos, sentando-se em bancos. Quem sabe desta maneira teria se integrado melhor à atmosfera da cidade. Mas, se tivesse lhe dito isso, ela teria ficado aflita, o que não queria de modo algum neste mundo.

— Cinco horas! E ela esperaria por nós às cinco — avisou Macha. — Vamos depressa.

Eles saíram rápido do apartamento.

* * *

Nicole gostava muito do apartamento de Macha. O pátio era triste, a escadaria, asquerosa, o elevador de ferro enferrujado estava quase sempre enguiçado; mas os três quartos — um por pessoa, mais uma cozinha e um banheiro — tinham sido muito bem arrumados: algumas fotos e reproduções bem escolhidas, belos tapetes que Yuri trouxera da Ásia e alguns objetos acumulados por Macha durante sua infância instável. Ao descer a escada, Nicole sentiu, de repente, saudades de seu estúdio, dos seus móveis, dos seus objetos. Ela reviu o estúdio em sua mente, tal como o havia deixado na última manhã em Paris, com um grande buquê de rosas fresquinhas como alfaces recém-colhidas sobre sua mesa. Nunca se viam rosas por aqui. E, desde sua chegada — dez dias antes —, não tinha ouvido música: era uma privação quase física. Nicole dobrou a esquina e entrou na avenida que levava ao hotel. Em Paris, conhecia todas as lojas do boulevard Raspail; muitos rostos lhe eram familiares e todos lhe diziam algo. Estes aqui não lhe diziam nada. Por que estava tão longe de sua vida? Era um belo dia de junho. As árvores estavam em flor; os pombos se sacudiam alegremente nos córregos de pólen que, como penugens, acumulavam-se ao longo das calçadas. Os flocos brancos voltejavam em torno de Nicole, entravam em seu nariz, em sua boca, grudavam nos seus cabelos, deixavam-na atordoada. E voltejavam no interior da biblioteca, prendendo-se aos seus cabelos nesta tarde em que ela havia, de certa forma, dito adeus ao seu corpo. Antes, percebera alguns sinais. Nos espelhos e nas fotografias seu reflexo havia perdido o frescor: mas ela ainda se reconhecia. Quando conversava com amigos, eles eram homens e ela se sentia mulher. E então aquele rapaz desconhecido — tão lindo — chegara com André; ele a cumprimentou com um aperto de mão em uma cortesia distraída, e algo mudou. Para Nicole, ele era um macho, jovem e atraente; para ele, ela era tão assexuada quanto uma velha de oitenta anos. Nunca mais se recuperou daquele olhar; havia parado de coincidir com seu corpo: era um despojo estrangeiro, uma fantasia desoladora. Talvez essa metamorfose tenha levado mais tempo que isso, mas sua memória a condensava nesta imagem: dois olhos doces que se desviavam dela com indiferença. Na cama, dali em diante, ela ficara fria: é preciso se amar um pouco para sentir prazer nos braços de outra pessoa. André não compreendeu isso de imediato, mas pouco a pouco ele se deixou invadir por sua frieza. Essa lembrança lhe voltava a cada verão, nesta mesma data, mas já havia muito não a machucava. Acolhia normalmente de bom grado essa vaga nostalgia primaveril que despertava nela a dança do pólen, reminiscência do tempo em que a beleza dos dias continha promessas. Hoje ela se sentia ao mesmo tempo nervosa e lânguida: mal dentro de si. Por quê?, perguntou-se ao chegar a seu quarto. Sentou-se à janela, olhando os carros que entravam no túnel e reapareciam do outro lado da rua Gorki: "Acho que estou entediada", disse a si mesma. Não via muito charme em Moscou. E ficar um pouco entediada não é grave. Eles iriam a Leningrado, veriam Pskov e Novgorod. Nicole pegou um livro. Em geral, para se livrar das suas melancolias, era suficiente arrumar uma explicação para elas: mas a palavra tédio não resolvera nada; seu mal-estar persistia. "Este quarto é triste", pensou. Triste, um quarto: o que isso quer dizer? Quando Philippe anunciou que ia se casar, a harmonia das almofadas com cores vivas, a graça dos jacintos e a bela reprodução de Nicolas de Staël não a ajudaram. Mas, em momentos neutros como o atual, uma cor alegre, uma forma elegante ou um objeto atraente são suficientes para renovar seu gosto de viver. E, aqui, nada. Nem o espetáculo da rua, nem as paredes, nem os móveis a consolavam. De quê? "André!", disse a si mesma bruscamente. "Eu o vejo o tempo todo. Eu nunca o vejo." Em 1963, Macha estava presa ao trabalho; este ano ela não os deixava nem um minuto. Para Macha era natural. Mas André? Ele não tinha vontade de ficar sozinho com Nicole? Ele teria mudado tanto? Antigamente, há muito e muito tempo, era o mais apaixonado. Ela não estava pronta para a paixão; isso exige uma perda, uma ruptura, algo a compensar: nele, a infância difícil, a frieza da mãe, o fracasso do amor com Claire. Nicole, pelo contrário, tinha sido protegida pelos pais, e o amor não era o grande problema de sua vida: ela queria ser alguém. Era ela quem, depois do amor, primeiro pulava da cama. Ele tentava mantê-la em seus braços, murmurando: "Fique mais um pouco, ou seria como se algo entre nós se rompesse." (Ela cedia, em geral, um tanto contrariada.) Depois, ao longo de suas longas vidas, a necessidade que tinha da presença dele e a alegria que lhe trazia só fizeram aumentar. Impossível dizer quem dos dois, hoje em dia, precisa mais do outro. Colados, como irmãos siameses: ele é minha vida, eu sou a dele. E, no entanto: ele não sofria por nunca estar a sós com ela. Seus sentimentos teriam esfriado? A indiferença nos invade quando envelhecemos: André não ficou tão abalado com a morte da irmã quanto com a do pai, há alguns anos. Deveria tocar no assunto com ele? Talvez fosse entristecê-lo de novo. Nicole deixou o livro de lado e se estirou na cama: um almoço bom demais, vodca demais, o sono triunfava.

"Onde estou? Quem sou eu?"

Cada manhã, antes mesmo de abrir os olhos, ela reconhecia sua cama, seu quarto. Mas, às vezes, quando dormia de tarde, experimentava ao acordar aquela estupefação pueril: por que eu sou eu? Como se a consciência, emergindo despercebida do sono, hesitasse antes de se reencarnar. O que a surpreendia — como a criança quando toma consciência de sua própria identidade — era se encontrar no âmago de sua própria vida e não na de outra pessoa: por qual acaso? Ela poderia não ter nascido: então não teria havido questão. "Eu poderia ter sido uma outra, mas então teria sido uma outra que se interrogaria sobre si." Isto lhe provocava a vertigem de sentir de uma só vez sua contingência e a necessária coincidência com sua história. Nicole, sessenta anos, professora aposentada. Aposentada: era difícil acreditar. Ela se lembrava do primeiro cargo, da primeira turma, das folhas mortas que estalavam sob os pés no outono de sua província. Então o dia da aposentadoria — separado dela por um lapso de tempo duas vezes mais longo, ou quase, que o quanto vivera — lhe parecia irreal como a morte. E ele havia chegado. Nicole pensava às vezes com nostalgia sobre a porta pela qual não passaria mais, os corredores encerados, os passos rápidos e os risos que nunca mais ouviria. Tinha ultrapassado outras linhas, porém eram mais imprecisas. E esta possuía a precisão de uma cortina de ferro. "Estou do outro lado." Levantou-se e penteou os cabelos. Certamente estava engordando de novo. Era irritante não ter uma balança. Cinco e meia. Por que André ainda não chegou? Ele sabia que ela detestava ficar esperando.

Ela detestava ficar esperando, mas, assim que ele chegava, o aconchego no coração era tal que esquecia que o havia esperado.

— Não conseguimos um táxi. Viemos a pé.
— Não faz mal — disse ela.
— Trabalhamos muito — comentou André.
— E bebemos alguns copos de vodca.

Ela reconhecia de forma infalível aquele ligeiro erro na dicção, a ligeira hesitação dos gestos que indicavam que André tinha bebido um pouco. Ainda não eram sinais claramente perceptíveis; ela os chamava: os sinais-prévios.

— Você está com uns sinais-prévios — comentou ela.

— Eu bebi um pouco de vodca, mas não estou com sinais-prévios.

Nicole não insistiu. Não ficava muito feliz no papel de desmancha-prazeres; mas temia pela saúde dele, sua pressão estava um pouco alta. Ela acordava sobressaltada às vezes: "Ele corre o risco de desenvolver um câncer de pulmão; um problema cardíaco; um derrame cerebral."

— Veja — falou André. — Equilíbrio impecável.

Ele pegou Macha pela cintura e rodopiou cantando uma valsa. Era estranho vê-lo com outra mulher: ainda que ela tivesse seus olhos, seu queixo. Às vezes esquecia que Macha era filha dele. André lançava palavras e sorrisos sedutores como fizera com Nicole na juventude. Pouco a pouco, eles adotaram em seu relacionamento uma rudeza amigável, com gestos quase indelicados: de quem era a culpa?

Minha, evidentemente, pensou ela com certo arrependimento. Educada demais, distante demais... quase rígida. Foi ele quem rapidamente impôs um tratamento mais íntimo e descontraído, e, às vezes, a exuberância do seu carinho a constrangia. Pouco a pouco ela voltara à sua antiga circunspecção: dois velhos casados como dois pombinhos, isso seria ridículo. No entanto, Nicole sentia um leve ciúme daquela cumplicidade entre ele e Macha, e se criticava por não ter conservado em sua relação com André aquela leve ternura. Reprimida pela antiga rigidez, que nunca vencera por completo, porque nunca tinha aceitado inteiramente sua condição de mulher. (E, no entanto, nenhum homem soubera, mais que André, como ajudá-la a se assumir.)

— Gosta de dançar? — perguntou Nicole.

— Com um bom dançarino, adoro.

— Eu nunca soube.

— Como assim?! Por quê?

— Porque é o cavalheiro quem conduz; e eu era boba quando jovem. Depois era tarde demais.

— Gosto de ser conduzida — disse Macha.
— É relaxante.

— Contanto que a conduzam aonde quer ir — acrescentou Nicole, sorrindo com simpatia.

Era raro que Nicole simpatizasse com uma mulher. Com suas alunas, sim: podia-se esperar que crianças e adolescentes fossem diferentes das mais velhas. Mas as adultas! As mulheres jovens eram como Irene: exerciam com um zelo extravagante a "profissão de mulher": como se fosse uma profissão mesmo! As mais velhas lembravam a Nicole suas revoltas na infância, faziam-na pensar em sua mãe. "Uma moça não pode." Ela não seria aventureira, nem aviadora, nem capitã de navio. Uma moça. Musselina, organdi, as mãos muito suaves da mamãe, a maciez dos seus braços, o perfume que grudava na minha pele. Seu sonho era que Nicole arranjasse um casamento com alguém rico, pérolas, peles raras. E a briga começou. "Uma moça pode." Ela continuou seus estudos, jurou contrariar seu destino: escreveria uma tese notória, teria uma cátedra na Sorbonne, provaria que o cérebro de uma mulher vale tanto quanto o de um homem. Nada disso aconteceu. Ela deu cursos e militou nos movimentos feministas. Mas, como as outras — estas outras de quem não gostava —, deixou-se absorver por seu marido, seu filho, seu lar. Macha com certeza não se deixava absorver por ninguém. No entanto, aceitava com naturalidade sua feminilidade: sem dúvida porque vivia, desde seus quinze anos, em um país onde as mulheres não têm complexo de inferioridade. Macha visivelmente não se sentia inferior a ninguém.

— Quem leva quem para jantar, onde e a que horas? — perguntou Nicole.

— Reservei uma mesa às sete e meia no Baku — disse Macha. — Temos tempo para dar uma voltinha antes. O dia fica bonito a esta hora.

— Vamos dar uma volta — concordou Nicole.

Sua morosidade havia passado. André estava aqui por Macha: era normal que ele aproveitasse ao máximo sua presença. Ela imaginou com alegria a *soirée* que os três passariam juntos.

★ ★ ★

O hotel onde ficaram em Leningrado deixou André encantado. Longos corredores com portas cinza-pérola com vidros ovais no alto emoldurados por guirlandas rococó e uma cortina de seda rosa, verde ou azul, dependendo do andar. No quarto, uma alcova escondida por uma cortina e velhos móveis enternecedores: uma escrivaninha pesada de falso mármore, um sofá de couro preto e uma mesa coberta por um tapete franjado. Lustres com pingentes de cristal iluminavam a sala de jantar, onde uma jovem de mármore, seminua, ajeitava — ou tirava? — seu vestido, com um sorrisinho travesso.

— O serviço é tão lento quanto o de Moscou! — disse Nicole. — Felizmente a orquestra não é muito barulhenta.

— Ah! Eles não têm pressa — disse André, seguindo com os olhos um garçom que se aproximava do aparador; colocou ali um copo e ficou contemplando o móvel com um ar meditativo.

Todos eles tinham gestos hesitantes e desordenados, o que devia exasperar os clientes que tinham pressa. Os pedreiros e os operários da terraplanagem que trabalhavam nas ruas, os empregados e os vendedores nas lojas também davam essa impressão de displicência. Porém, este país não era povoado de preguiçosos: caso contrário não teriam obtido, em certos setores, vitórias tão extraordinárias. Sem dúvida cientistas e técnicos recebiam uma formação especial, e deviam ter outra mentalidade.

— Ah! Aqui está a conta — disse Macha.

E saíram. Como a luminosidade das dez da noite era linda! Ao meio-dia as cores dos palácios ficavam pálidas sob o brilho do sol. Agora, os azuis, os verdes, os vermelhos vibravam levemente sob o sol que empalidecia.

— É uma cidade maravilhosa — comentou Nicole.

Maravilhosa. Sob um polimento nórdico, a graça e o esplendor do barroco italiano. E que alegria ao longo do rio Neva de águas branco--azuladas! Lá estavam sobretudo jovens que passeavam em grupos e cantavam.

— E você quer mesmo ir a Pskov e Novgorod.

— Há tempo para tudo — disse Macha.

Sem dúvida, mas, quanto a ele, teria ficado outros dez dias ali. Leningrado. Petrogrado. São Petersburgo. Queria apreender tudo e até — sonho impossível — captar tudo de uma vez. A cidade sitiada, um dia de inverno, homens e mulheres cambaleando na neve e caindo para nunca mais levantar, os cadáveres que eram arrastados pelo solo gelado. Os cadáveres dispersados pela Perspectiva Niévski, os homens que corriam, as balas que assobiavam, os marinheiros subindo para o assalto ao Palácio de Inverno. Lenin, Trotski. Não haveria um meio de evocar em superposição a grande epopeia de sua adolescência, tão distante então e hoje tão próxima, por seus pés estarem pisando no lugar onde ela se passara? O cenário se manteve igual; mas isso não ajudava a ressuscitar os homens e os acontecimentos. Pelo contrário. Os historiadores conseguiam, em parte, fazê-los reviver; mas para segui-los era necessário abandonar o mundo presente, fechar-se no silêncio de um escritório, sozinho diante de seu livro. Nestas ruas, a espessura e o peso da realidade reprimiam as miragens do passado; impossível inscrevê-las entre estas pedras. Mas sobrava Leningrado, esta noite, uma bela noite branca. Em 1963, eles tinham vindo em agosto, o sol se punha. Hoje ele não se poria. Era festa. Nos cais, rapazes e moças dançavam ao som de um violão. Outros tocavam violão sentados nos bancos do Campo de Marte sob uma brisa de lilases: lilases em cachos luxuriantes e semelhantes aos dos jardins da França; lilás-japonês, mais sóbrio, com um perfume apimentado. Eles se sentaram em um banco. Quem seriam esses rapazes com os violões? Estudantes, empregados, operários? André não quis perguntar a Macha. Muitas vezes ela não sabia responder a suas questões e ficava triste. Como fonte de informações, Macha o decepcionava um pouco. Talvez desconfiassem dela por causa de sua origem estrangeira; ou talvez a sociedade fosse tão estratificada ali como em outros lugares; ela desconhecia a vida operária, a dos camponeses e também o imenso esforço científico e técnico sobre o qual André gostaria tanto de obter alguma informação.

— Eu tinha quinze anos na minha primeira noite branca — disse Macha. — Fiquei maravilhada. E não entendia como meus pais podiam ficar tão indiferentes. Naquele dia, sim, pensei que era horrível envelhecer.

— E não pensa mais assim? — perguntou Nicole.

— Estou mais confortável comigo mesma do que jamais estive — respondeu Macha. — A senhora sente saudades da juventude?

— Não — disse Nicole.

Ela sorriu para André.

— Da época em que os outros envelhecem ao mesmo tempo que você.

"Minha primeira noite branca", disse André a si mesmo em eco. Foi tomado por um mal-estar: esta linda noite feliz não lhe pertencia; só podia estar presente, ela não era sua. As pessoas riam, cantavam, ele se sentia excluído: um turista. Jamais gostou desta condição. Mas, enfim, no país onde o turismo é uma indústria nacional, passear é uma forma de se integrar. Nas calçadas dos cafés italianos ou nos pubs de Londres, ele era um consumidor entre outros, o espresso tinha o mesmo sabor em sua boca e na dos romanos. Aqui, teria sido necessário conhecer as pessoas através de seus trabalhos, trabalhar com elas. Ele era excluído de seus lazeres porque o era de suas atividades. Um ocioso. Ninguém neste jardim era ocioso. Apenas Nicole e ele.

E ninguém tinha a mesma idade que os dois. Como todos eram jovens! Ele fora. Lembrava-se do gosto ardente e terno que tinha, então, a vida: esta noite era deles, que sorriam para o futuro. Sem futuro o que era o presente, mesmo no perfume de lilases e no frescor da alvorada da meia-noite? Por um instante, ele pensou: é um sonho, vou acordar, pego de volta meu corpo, tenho vinte anos. Não. Um adulto, homem de idade, quase um idoso. Ele os olhava com um espanto invejoso: por que não sou mais um deles? Como isso pôde acontecer comigo?

Voltaram a pé do Hermitage, onde passaram duas horas: a terceira visita deles este ano; reviram tudo o que queriam rever. E partiram no dia seguinte para Pskov, onde visitariam a propriedade de Pushkin; o campo é lindo, dizia Macha, e Nicole se alegrava com a ideia de sentir cheiro de grama. Leningrado era uma cidade muito bonita, mas sufocante. Ela pegou a chave que a recepcionista lhe entregava; e a mulher passou uma mensagem a Macha: o escritório do Intourist a convocava com urgência.

— Ainda vamos ter complicações — comentou Nicole.

— Sem dúvida é para resolver alguns detalhes — disse André.

Seu otimismo incurável! Ele mergulhou em sua gramática de russo, e ela abriu seu exemplar de *L'Humanité*.

Nicole queria fazer essa viagem de carro, com paisagens, ar fresco, novidades. O Hermitage, o Smolny, os palácios, os canais: ela os conhecia de cor, não queria passar mais três dias aqui.

Macha empurrou a porta.

— Autorização recusada! — exclamou ela com a voz furiosa.

— Eu tinha previsto — disse Nicole a si mesma, acabrunhada.

— Discuti com o funcionário do Intourist. Mas ele não podia fazer nada, recebeu ordens. É revoltante. Eles são revoltantes.

— Eles quem? — perguntou André.

— Não sei exatamente. Ele não quis me dizer nada. Talvez haja um movimento de tropas. Mas provavelmente não há nada.

O pânico que Nicole sentia crescer dentro de si era exagerado. A impaciência diante da menor contrariedade e o medo do tédio estavam se tornando uma neurose. Vejamos. Partir amanhã para Novgorod: não haveria quarto no hotel e tudo tinha que ser combinado com antecedência. Então a estada em Moscou seria interminável. Rápido, tenho que pensar em outra coisa.

— E aquela excursão da qual você tinha falado? O monastério em uma ilha?

— Está proibida também.

— Você poderia tentar?

— Ah, não! — retrucou André. — Ela não vai recomeçar a tomar todas as providências irritantes para ouvir de novo um não. Vamos ficar aqui tranquilamente. Para ser sincero, não tenho vontade nenhuma de ver esse monastério.

— Que seja, não toquemos mais no assunto — concluiu Nicole.

Assim que eles a deixaram, Nicole se entregou à sua raiva: "Três dias enfadonhos aqui!" De repente tudo lhe parecia entediante: as avenidas retilíneas, as ruas monótonas, os intermináveis jantares com música, o quarto do hotel, toda a vida dali e as discussões sem fim de Macha com André: ele defendia os chineses, que ela detestava e temia, criticava a política de coexistência a qualquer preço, algo que Macha apoiava. Eles se repetiam. Ou então André contava a Macha histórias que Nicole conhecia de cor. Continuava sem ficar a sós com ele; ou então durante momentos curtos demais para que os dois pudessem conversar; André se lançou sobre um livro russo, e ela, sobre um jornal... Nicole apoiou a testa na janela. Como essa igreja preta e meio ocre era feia! "Autorização recusada." Se ela ao menos tivesse podido discutir, brigar. Mas tudo repousava sobre Macha, que talvez desistisse rápido demais. Essa dependência era irritante. Nicole se divertiu no começo, mas agora era um peso. Em Paris, mantinha-se no controle de sua vida, tomando as decisões ela mesma, com André ou sozinha. Aqui, as iniciativas, as invenções cabiam a outra pessoa; ela era só um elemento no universo de Macha. Nicole olhou para seus livros; havia trazido pouquíssimos, e os que lhe interessavam de verdade ela lera em Moscou. Voltou para a janela. A praça, o jardim, as pessoas sentadas nos bancos, tudo parecia melancólico à luz horizontal da tarde. O tempo estagnara. É terrível — Nicole tinha vontade de dizer: é injusto — ele passar ao mesmo tempo tão rápido e tão lentamente. Ela atravessava a porta do liceu de Bourg, quase tão jovem quanto seus alunos, e olhava com piedade para os velhos professores de cabelos grisalhos. E pronto! Ela se tornou um velho professor e, depois, a porta do liceu foi fechada. Durante anos, suas turmas lhe deram a ilusão de que sua idade não mudava: a cada novo ano, ela os encontrava, tão jovens, e se integrava a esta imobilidade. No oceano do tempo, ela era uma rocha imóvel atingida por ondas sempre novas, sem erodir. E agora a correnteza a levava e a levará até que encalhe na morte. Tragicamente sua vida fugia. E, no entanto, era um gotejar de hora a hora, minuto a minuto. Era preciso sempre esperar que o açúcar se liquefizesse, que a lembrança se apaziguasse, que a ferida cicatrizasse, que o tédio se dissipasse. Estranho corte entre estes dois ritmos. Meus dias escapam de mim a galope, e em cada um deles eu me perco.

Nicole se afastou da janela. Que vazio nela, em torno dela, a perder de vista. Este ano ajudara Philippe nas pesquisas. No ponto aonde ele havia chegado, não poderia mais ajudá-lo em nada. E Philippe morava em outro lugar! Ler por prazer, sem objetivo, era um passatempo um pouco mais interessante que palavras cruzadas ou jogo dos sete erros. Ela disse a si mesma: "Vou ter tempo, todo o tempo do mundo para mim, que sorte!" Mas não é uma sorte quando não se encontra nada para fazer. E, além disso, ela se dava conta, a abundância de lazer nos empobrece. Sentia — antigamente —

o prazer enorme, inesperado, da visão de um reflexo em um telhado de ardósias ou da cor do céu ao sair de casa cedo de manhã ou do metrô, recebendo-o como um golpe. Quando ela andava a passos lentos pelas ruas, disponível, ele fugia. Sente-se muito melhor a luz do sol quando ela é filtrada através de persianas fechadas do que quando é enfrentada em sua crueza tórrida.

Ela nunca suportou o tédio. E, nesta tarde, se sofria tanto com isso a ponto de se sentir angustiada, era por esse tédio transbordar sobre seu futuro. Anos de tédio, até a morte. "Se eu ao menos tivesse projetos, se estivesse engajada em um trabalho!", disse a si mesma. Tarde demais. Deveria ter começado mais cedo, a culpa era sua. Não somente sua culpa. André não a ajudava. De um modo insidioso a tinha pressionado. "Você já trabalhou demais, deixe essas provas, venha dormir... Fique mais um pouco na cama... Venha passear... Levo você ao cinema." Esmagara todas as veleidades de Nicole sem perceber. "Eu só precisava não ter cedido em nada", pensou. Ela inventava rancores. Mas sentia um rancor real contra ele. André havia decidido, sem ao menos discutir com ela: "Vamos ficar aqui!" E o pior... o pior era que não fazia o menor esforço para afastar Macha um pouco; a ideia nem mesmo lhe ocorria. Será que ele se interessa menos por mim? Em Paris, somos ligados por uma rede de hábitos tão estreita que não sobra espaço para nenhuma interrogação. Mas, debaixo dessa carapaça, o que sobra entre nós de verdadeiro e vivo? Saber o que ele é para mim não me diz o que sou para ele. "Falarei com André", decidiu-se. Em Moscou, Macha tinha o que fazer; não eram obrigados a mantê-la o tempo todo com eles. Por outro lado, por que reservar alguns momentos para os dois se André não manifestava espontaneamente essa vontade? Não. Não falaria com ele. Nicole começou a escrever uma carta para Philippe.

— Essa igreja está aberta. Vocês querem entrar? — perguntou Macha.

— Claro — concordou Nicole. — Nossa! Que bela luz dourada.

Nas paredes, nas três portas da iconóstase, os ícones brilhavam de leve e mesmo as sombras tinham um tom de ouro líquido. Mas o odor deixava André nauseado: o dos incensos, das velas e das velhas *babas* que se arrastavam de joelhos pelo chão, murmurando, prosternadas e beijando o piso. Era ainda mais fascinante que nas igrejas católicas. Uma voz nasalada se elevava do fundo à esquerda. Eles se aproximaram. Um estranho espetáculo. À volta de um pope, com uma longa barba preta e sedosa e vestido com seu belo hábito, rapazes e moças faziam um círculo, cada um levando no colo um bebê vestido de branco aos berros. O pope aspergia as crianças com uma vassourinha, entoando salmos e orações. Parecia um jogo, os pais balançando as crianças que gritavam, girando em torno do sacerdote.

— Batismo em linha de montagem! Nunca vi disso — comentou Macha.

— O batismo de crianças é frequente?

— Quando se tem uma velha mãe religiosa, não se quer entristecê-la.

— E lá, o que é aquilo? — perguntou Nicole.

Algumas caixas estavam alinhadas junto às paredes: eram caixões vazios... E seis estavam no chão, lado a lado, cada um com um morto dentro: os rostos descobertos, cor de cera, com ataduras nos queixos, eram todos parecidos.

— Vamos embora — disse Nicole.

— Isso a deixa incomodada?

— Bastante. Você não fica incomodado?

— Não.

André refletia sobre sua própria morte com indiferença: continuar vivendo, deixar um legado, isso lhe parecia mais árduo que morrer. A morte dos outros... Estava blindado. Aos vinte e cinco anos ele tinha chorado aos soluços quando perdeu o pai. E dois anos antes havia enterrado sem lágrimas a irmã que, no entanto, amara muito. E sua mãe?, pensou Macha ao mesmo tempo que ele.

— Gostaria de ver minha avó antes que ela morra — disse ela. — Você vai ficar triste quando ela morrer?

Ele hesitou.

— Não sei.

— Mas você a adora! — exclamou Nicole em tom surpreso. — Eu vou ficar muito triste. E, além do mais, vai causar uma sensação estranha. Não haverá mais ninguém da geração acima da nossa. O que vai nos fazer subir mais um degrau.

Eles voltaram de táxi pela Perspectiva Niévski, onde se instalaram em um café ao ar livre.

André pediu um conhaque: não muito bom, mas nos cafés não serviam vodca. Para desencorajar os bêbados, o conhaque custava muito mais caro. Na verdade, muitas pessoas iam com sua garrafa de vodca no bolso.

— Há muitos enterros religiosos?

— Não. Nesse caso também são, principalmente, as idosas que pedem para irem à igreja ou que seus mortos sejam levados para lá.

Macha hesitou.

— E tem mais. Entrei em uma manhã de domingo em uma igreja de Moscou e foi uma surpresa. Havia vários homens de meia-idade e até jovens. Muito mais que antes.

— É lamentável — disse André.

— Pois é.

— Se as pessoas se sentem inclinadas a acreditar no céu, é porque não acreditam em mais nada na terra. Isso significa que a política de bem-estar social que está começando a ser implantada aqui não é tão eficaz quanto você diz.

— Ah! Bem-estar social! Também não exagere — disse Macha. — Nunca neguei que ideologicamente estejamos em um período de retrocesso — acrescentou.

— Um período que vai durar quanto tempo?

— Não sei. Há jovens como Vassili e seus camaradas que estão muito entusiasmados. Eles vão lutar por um socialismo que não exclua nem a felicidade nem a liberdade.

— Belo objetivo — comentou André com ceticismo.

— Você não acredita nisso?

— Não foi o que eu quis dizer. Mas, em todo caso, não vou ver esse socialismo aí.

Sim, seu mal-estar tinha um nome, um nome de que ele não gostava, mas que era obrigado a empregar: decepção. Em geral, tinha horror de viajantes que, ao voltar da China, de Cuba, da

União Soviética ou mesmo dos Estados Unidos, diziam: "Fiquei decepcionado." Eles haviam se enganado ao se fixar *a priori* em ideias que, em seguida, os fatos desmentiriam; a culpa era deles, não da realidade. Mas, enfim, ele experimentava algo análogo. Talvez tivesse sido diferente se houvesse visitado as terras virgens da Sibéria, a cidade onde os cientistas trabalhavam. Mas em Moscou e em Leningrado não encontrou o que esperava. E o que havia esperado? Era vago. Em todo caso, não tinha encontrado. Claro que existia uma grande diferença entre a União Soviética e o Ocidente. Enquanto na França os avanços tecnológicos só faziam aumentar o abismo entre privilegiados e explorados, aqui as estruturas econômicas estavam prontas para que um dia todos pudessem aproveitá-los. O socialismo acabaria por se transformar em realidade. Um dia triunfaria no mundo inteiro. Agora era apenas um período de retrocesso. O mundo inteiro — talvez com exceção da China, mas, pelo que se sabia, seu caminho era incerto e inquietante — atravessava um período de retrocesso. Claro que se sairia disso. Era possível, era provável. Uma probabilidade que André jamais presenciaria. Para os jovens, este momento não era pior que nenhum outro, nem pior que a época de seus próprios vinte anos: só que estes anos, que para eles eram um ponto de partida, representavam para André um resultado: uma queda. Com sua idade, não assistiria ao salto que talvez pudesse acontecer. O caminho que leva ao bem é pior que o mal, disse Marx. Quando jovens, tendo diante de nós uma eternidade ilusória, damos um salto de uma só vez para a beira da estrada; mais tarde, não temos mais tanta força para superar o que chamamos de ônus ocasionais da história, e os julgamos terrivelmente elevados. André havia contado com a história para justificar sua vida: já não contava mais.

* * *

O tempo havia passado bem rápido. Dois dias agradáveis em Novgorod; e em menos de uma semana ela reencontraria Paris, sua casa, sua vida e André. Ele lhe sorria.

— Você queria ir a uma *datcha*: pois bem! Está resolvido — anunciou ele.

— Como Macha é gentil!

— É a *datcha* de uma amiga dela, a uns trinta quilômetros daqui. Yuri vai nos levar de carro; não neste domingo, mas no outro.

— No outro? Mas viajamos de volta na terça.

— Não, Nicole: você sabe muito bem que tínhamos decidido ficar mais dez dias.

— Vocês decidiram isso sem ao menos me falar! — reclamou Nicole.

De repente o rosto de Nicole ficou vermelho, havia uma bruma vermelha em seus olhos, algo vermelho que gritava em sua garganta. Ele não liga para mim! Nem uma palavra sequer!

— Eu falei com você, sim. Onde já se viu? Eu jamais teria tomado essa decisão sem ter falado com você. E você concordou.

— Mentira!

— Foi no dia em que eu havia bebido um pouco de vodca na casa de Macha, quando você falou que eu estava com uns "sinais-prévios".

Tínhamos jantado no Baku. Na volta, quando estávamos a sós, eu comentei isso.

— Você não disse nada; nunca. Você sabe muito bem. Juro que eu me lembraria. Você decidiu sem mim e agora está mentindo.

— Você esqueceu. Onde já se viu? Eu já tomei alguma decisão sem antes consultá-la?

— Para tudo existe uma primeira vez. Ainda por cima você está mentindo. E não é a primeira vez.

Antigamente, André não mentia. Mas este ano, por pequenas coisas, havia mentido; duas vezes. Desculpou-se, rindo: "É a idade; a gente fica preguiçoso; me explicar teria demorado demais, então peguei um atalho." Ele prometera não fazer de novo. E fez. E hoje foi mais sério que a história de uma garrafa vazia, de uma visita ao médico negligenciada. Sua raiva. Raramente, muito raramente, sentia algo assim por André. Mas agora era um ciclone que a erguia quilômetros acima dele e de si mesma, fora de sua vida, fora de seu corpo, em uma solidão ao mesmo tempo gelada e ardente...

Ele via o rosto dela transformado, obstinado, os lábios comprimidos, esse rosto que lhe apavorava tanto antigamente, que ainda o perturbava. Eu tinha dito, e Nicole esqueceu. Naquele momento, ela ainda gostava dali, dez dias a mais ou a menos não fariam muita diferença. Mas ela começara a se entediar aos poucos. Nicole sentia falta de Philippe, nunca fui o suficiente para ela. Falei com ela naquele quarto, depois do jantar no Baku. Mas, como todas as pessoas que acreditam ter uma memória infalível, ela nunca admitiria que pudesse ter se enganado. Ainda assim, sabia muito bem que ele nunca decidiria nada sem a consultar, e, durante esta viagem, fizera todas as suas vontades. Passar mais dez dias em Moscou não era, afinal, tão difícil.

— Escute, ficar mais dez dias aqui não é motivo para drama.

Os olhos de Nicole faiscavam de raiva, parecia quase ódio.

— Estou entediada! Você não percebe que vivo entediada!

— Ah! Eu percebo. Você sente falta de Philippe e dos seus amigos. Sei perfeitamente que nunca fui o suficiente para você.

— Vá embora, me deixe. Não suporto mais ver a sua cara. Vá embora.

— E Yuri e Macha? Eles estão nos esperando lá embaixo.

— Diga que estou com dor de cabeça. Diga qualquer coisa.

André fechou a porta, desconcertado. "Ela se chateia tanto assim comigo!" Nem protestou quando ele lhe disse: "Nunca fui o suficiente para você." Ele não tinha tanta vontade de continuar por lá, mas Macha contava com isso; ele não queria deixá-la triste. Nicole devia compreender... Mas seu coração hesitava ante a perspectiva de brigar com ela. Todo desacordo entre os dois lhe era insuportável. Enfim, voltará logo depois do jantar, com certeza ela irá ouvi-lo. Será possível que ele tenha se esquecido de falar com ela? Não, André se via sentado sobre a cama, de pijama, enquanto Nicole escovava os cabelos. O que ela respondera? "Por que não?" ou qualquer coisa do gênero. Eu não decido nada sem Nicole, e ela sabe muito bem disso.

Assim que a porta foi fechada, as lágrimas a invadiram. Como se, sem que ele houvesse morrido, ela o tivesse perdido para sempre. Em menos de um minuto a guilhotina corta uma cabeça; em menos de um minuto uma frase cortara seus vínculos com André: como ela pôde pensar que eram colados um ao outro? Por causa do passado comum, dava por certo que ele se interessava por ela tanto quanto ela por ele. Mas as pessoas mudam, ele havia mudado. O pior não era André mentir: ele mentia por covardia, como uma criança que tem medo de um castigo. O pior era ter tomado essa decisão com Macha sem levá-la em consideração, tê-la *esquecido* completamente; se esquecendo de consultá-la e até de avisar-lhe. Ter a coragem de encarar as coisas: em três semanas ele nunca tentou organizar momentos a sós para nós dois; todos os seus sorrisos e toda a sua ternura são para Macha;

com o que eu desejo ou não, ele não se importa. "Então vamos ficar em Moscou. Vamos ficar em Leningrado." André gostava daqui. Considerava que ela também gostava. Não é mais amor: sou apenas um hábito.

Ela não suportava mais ficar dentro deste quarto. Passou uma água no rosto e desceu para a rua. Caminhar: fizera isso várias vezes para acalmar os medos, a raiva, para afastar certas imagens. Só que não tinha mais vinte anos, nem mesmo cinquenta, e o cansaço a pegou rapidamente. Ela se sentou no banco de uma pracinha, em frente ao lago onde nadava um cisne. As pessoas a olhavam ao passar, devia estar com um ar desvairado, ou simplesmente a reconheciam como estrangeira. Ele estava jantando com Yuri e Macha, sem dúvida, no restaurante da estação do porto, à beira do Moskva, como tinham planejado. Talvez a *soirée* para ele estivesse com um gosto desagradável. Não era uma certeza; André dominava a arte de viver o momento, de afastar o que o atrapalhasse. Ele a esquecia, afastava-a e dizia a si mesmo que a encontraria calma.

Sempre havia sido assim: se estivesse contente, ela deveria estar também. De fato não houve uma simetria verdadeira entre suas vidas. André teve exatamente o que desejou: um lar, filhos, lazeres, prazeres, amizades e algumas agitações. Ao passo que ela havia renunciado a todas as suas ambições da juventude: por causa dele. André nunca se deu conta. Por causa dele ela era esta mulher que não sabia mais como empregar o tempo que lhe sobrava para viver. Outro homem a incentivaria a trabalhar, dando o exemplo. Já ele a desvirtuara. Nicole se encontrava de mãos vazias, sem ter nada no mundo além de André, que de repente ela não tinha mais. Contradição atroz da raiva nascida do amor e que mata o amor. A cada segundo, evocando o rosto, a voz de André, ela alimentava um rancor que a devastava. Como naquelas doenças em que se provoca o próprio sofrimento, cada respiração rasgando os pulmões e, no entanto, você é obrigado a respirar. "E então, o quê?", perguntou-se ela, entorpecida, voltando para o hotel. Sem saída. Eles continuariam vivendo juntos, ela esconderia suas garras, uma grande quantidade de casais vegeta assim, na resignação, no compromisso. Na solidão. Eu estou sozinha. Ao lado de André estou sozinha. Tenho que me convencer disso.

Ela empurrou a porta do quarto. Sobre a cama, o pijama de André; no chão, seus chinelos; um cachimbo e um pacote de fumo na mesa de cabeceira. Por um instante, ele se fez presente de um modo brutal, como se tivesse sido afastado dela por uma doença ou por um exílio e ela o reencontrasse nesses objetos abandonados. Lágrimas lhe vieram aos olhos. Ela enrijeceu. Em sua bolsa de remédios pegou um vidro de calmantes, engoliu duas pílulas e se enfiou na cama.

"Estou sozinha!" A angústia a fulminou: angústia de existir, muito mais intolerável que o medo de morrer. Sozinha como uma pedra no meio do deserto, mas condenada a ter consciência da inutilidade de sua presença. Todo o seu corpo amarrado em um nó, rígido, em um grito silencioso. E então Nicole se deixou escorregar entre os lençóis e caiu em um sono profundo.

Quando acordou, pela manhã, ele dormia, encolhido, a mão apoiada na parede. Nicole se virou. Nenhuma afeição por ele. Seu coração estava gelado e abatido como uma capela abandonada onde não houvesse mais uma vela acesa. Os chinelos e o cachimbo não a emocionavam mais: não evocavam mais um ausente querido: eram apenas o prolongamento do estranho que ocupava o mesmo quarto que ela. "Ah! Eu o detesto", disse a si mesma desesperada. "André matou todo o amor que eu tinha por ele!"

Ela ia e vinha pelo quarto, muda, hostil. Muitas vezes durante a juventude ele havia se deparado com esse rosto fechado: "Não admito... A gente não deve..." Na época esta severidade o petrificava. Ela era mais nova que André, mas durante muito tempo ele via todo adulto como alguém mais velho que ele. Hoje Nicole o fazia perder a paciência. "Por quanto tempo ainda vai fazer cara feia para mim?" Ela exagerava. Ele fez tudo para que Nicole ficasse contente durante esta viagem. E durante toda a sua vida. Ficava em Paris por causa dela... Mesmo que ela tenha esquecido a conversa, deveria lhe dar algum crédito. Parecia até que Nicole estava aproveitando o ensejo: quais rancores ela alimentaria? Lamentaria não ter tido um marido mais brilhante? Então ela não o amava de verdade. Se o amasse de verdade, não se aborreceria estando com ele. No começo do casamento, André sofria com seu lado morno; mas supunha que viria um dia... E acreditara que esse dia havia chegado. Mas parece que não. Ele esperava apenas uma compensação da velhice: Philippe se casaria, Nicole estaria aposentada e ele a teria toda para si. Mas, se ela não o amava, se ele não lhe era suficiente, se ela estivesse aferrada a seus rancores, aquele sonho de solidão a dois estaria bastante comprometido. Teriam essa velhice triste das pessoas que só ficam juntas porque, passada uma certa idade, não conseguem mais se separar de verdade. Não, ele não podia acreditar. Seriam a mesma mulher aquela cujo sorriso ainda ontem irradiava ternura e a outra cujos lábios estavam apertados numa expressão de fúria?

— Que cara é essa?

Nicole não respondeu, e ele também foi tomado pela raiva.

— Sabe, se você resolvesse partir antes de mim, eu não a impediria.

— É exatamente essa a minha intenção.

Ele sentiu-se estremecer: não havia imaginado que ela levaria essa sugestão a sério. Pois bem! Que vá, pensou ele. Pelo menos vejo tudo com clareza, e não quero mais me enganar; para ela sou um velho hábito, mas nunca me amou de verdade. Eu soube, no passado, e depois esqueci. Preciso me lembrar. Blindar o coração. Deixá-la fazer o que quiser. E fazer o que eu quero. E pensou no jardim de Villeneuve, no perfume dos ciprestes e das rosas castigadas pelo sol. Voltando de Moscou, vou deixar Paris e me instalar na Provence, sou bobo demais em me sacrificar por ela. Cada um por si.

Então é verdade o que alegam, que a comunicação não é possível, que ninguém entende ninguém?, perguntava-se Nicole. Ela olhava para André sentado no sofá de Macha, um copo de vodca na mão, e pensava que teria que rever todo o seu passado. Eles viveram justapostos, cada um por si, ignorando-se, e não indistintos, transparentes. Pouco antes de deixar o quarto esta manhã, André a olhou com um ar hesitante; ele queria começar a se explicar. Nicole havia aberto a porta, ele a seguiu, e no táxi mantiveram silêncio. Não havia nada a explicar. Aquela raiva, aquela dor, essa rigidez do seu coração, as palavras se romperiam. Tanta negligência, tanta indiferença! Diante de Macha eles desempenharam, o dia inteiro, uma dissimulação com bons modos. Como anunciar que viajo antes de André?

André bebia o quarto copo de vodca, problema dele. Quando jovem, ficava poético e charmoso sob o efeito do álcool, um pouco extravagante, mas sem enrolar as palavras nem titubear. Desde quando suas palavras se embaralhavam, seus gestos se atrapalhavam? O médico dissera que álcool e cigarro não eram nem um pouco bons para ele, eram a morte que engolia a cada gole, a cada tragada; outra vez, mais corrosivo que a raiva, o medo a paralisou. "Ele bebe demais." Nicole comprimiu os lábios. André era livre, podia muito bem se matar aos poucos se quisesse, de qualquer modo os dois acabariam morrendo, e, em certos casos, é preferível morrer a viver. Havia algo de senil na maneira como André tentava conversar em russo com Macha. Ela ria do seu sotaque, eles pareciam unha e carne. Às vezes André tocava na bochecha com um dedo e um ar preocupado. Nicole tinha vontade de gritar: "Não somos tão velhos assim, ainda não, não!" André havia mudado; ela percebera durante esta viagem — talvez porque, mesmo não o vendo, ela o via o tempo todo. O único desejo que ele tinha era o de se permitir viver. Antes, amava viver. E viver era para André uma eterna invenção, uma aventura na qual a levava: alegre e imprevisível. Mas agora lhe dava a impressão de vegetar: a velhice é isso, eu não a quero.

Algo travou em sua mente. Como quando se leva um choque, turvando a vista, que faz perceber duas imagens do mundo, a duas alturas diferentes, sem poder situar o que está em cima e o que está embaixo. As duas imagens que ela tem de sua vida, do passado, do presente, não se ajustam. Há um erro em algum lugar. Este instante mentia: não era ele, não era ela, esta cena acontecia em outro lugar... Infelizmente, não! O passado era uma ilusão; isto acontece com frequência: mulheres se enganando sobre suas vidas, durante a vida inteira. A sua não havia sido como a percebia. Por André ser impetuoso, emotivo, Nicole acreditou que ele a queria com paixão. Mas a verdade é que ele a esquecia, se não a visse; uma terceira pessoa entre os dois não era um problema para André. Para ela, a presença de André era uma alegria infindável, mas não era algo recíproco. É possível até que eu seja um peso para ele, que eu sempre o tenha sido.

— Macha, preciso resolver uma questão: minha viagem de volta. Tenho compromissos em Paris.

— Ah! Sem mentiras — disse André. E se virou para a filha. — Ela está com raiva de mim, alegando que decidi prolongar a estada por dez dias aqui sem consultá-la. Mas você sabe que eu falei com ela, sim.

— Com certeza — concordou Macha enfaticamente. — A primeira coisa que ele disse quando sugeri que ficassem mais um pouco foi: vou falar com Nicole.

Esta cumplicidade entre os dois!

— E não falou. Ele se esqueceu de falar e agora está mentindo.

Outra vez aquela expressão de Górgona. Mas, pela primeira vez na vida, ela não o intimidava. Estava errada, completamente errada. Macha tentava acertar as coisas, e ela dava respostas secas e o observava se servir de vodca com um ar de censura, maçante, eis no que Nicole estava se transformando. Ele tomou a vodca em um só gole, à moda russa, como um desafio.

— Pode se embebedar, não me importo — declarou ela num tom glacial.

— Por favor, não volte tão rápido a Paris, isso me deixaria triste — disse Macha.

— Talvez, mas ele não se incomodaria.

— Não mesmo.

— Está vendo? Pelo menos neste ponto estamos de acordo. Ele vai poder beber dez garrafas de vodca sem ninguém protestar.

— Além disso não é nada agradável ver você sempre de cara fechada. Imagino que uma pequena separação vá fazer bem a nós dois. Quando eu voltar de Moscou, vou direto para Villeneuve. E não peço que me acompanhe.

— Não se preocupe, não vou acompanhá-lo.

Nicole se levantou.

— Não suportamos mais nos ver: não nos vejamos mais.

Ela foi até a porta. Macha a segurou pelo braço.

— Isso não faz sentido. Volte. Conversem.

— Não queremos conversar.

Ela bateu a porta.

— Você devia tê-la impedido de ir embora — disse Macha.

— Eu tentei me explicar com ela hoje de manhã; ela não quis ouvir. Que vá para o inferno.

— É verdade, você bebe além da conta — comentou Macha.

— Bom. Guarde esta garrafa.

Macha guardou a garrafa e foi se sentar em frente a André, com um ar perplexo.

— Vocês dois beberam demais no Baku. Você pode ter se esquecido de conversar com ela e achou que já havia falado.

— Ou ela não se lembra da conversa porque dormiu logo em seguida, um pouco bêbada.

— Também é possível. Mas, em todo caso, vocês dois estão sendo sinceros; por que ficar aborrecido?

— Não nego a honestidade de Nicole. É ela que pensa que estou mentindo. Ela não tem esse direito.

Macha sorriu.

— Eu nunca teria imaginado que vocês pudessem brigar assim... como crianças.

— Com mais de sessenta anos? Você sabe, adultos e até idosos não passam de crianças com a idade mais avançada.

E era exatamente por causa da idade que ele considerava esta briga detestável. Nicole traiu todo aquele longo entendimento entre os dois. Duvidar da sua sinceridade significava que ela nunca havia confiado nele. E, ainda por cima, sempre vigiando os copos que ele bebia: pelo prazer de me chatear. Não queria mais pensar nela.

— Passe o *Pravda* e vamos trabalhar.

— Agora?

— Não estou bêbado — disse ele com certa agressividade.

E começou a traduzir um artigo. Depois de algum tempo ela se levantou.

— Vou ligar para saber se Nicole chegou bem.

— Por que não teria chegado bem?

— Ela parecia tão fora de si...

— Em todo caso não vou falar com ela.

Nicole não tinha voltado. Nem uma hora mais tarde, à meia-noite. Ou teria voltado, mas não atendia o telefone.

— Eu subo com você — disse Macha, parando o carro em frente ao hotel. — Quero me assegurar de que ela está lá.

A vigia do andar deu a André sua chave. Nicole não estava lá. O silêncio e o vazio do quarto lhe deram um aperto no coração. O efeito da vodca se dissipou e, com ele, a raiva.

— Onde ela poderia estar?

André não gostava de imaginá-la vagando pelas ruas da cidade adormecida, onde todos os bares estavam fechados.

— Há um lugar aberto, talvez ela esteja lá: o bar Nacional.

— Vamos lá.

Nicole estava sentada diante de um copo de uísque, a boca dormente entreaberta, o olhar fixo.

André queria segurá-la pelos ombros, beijá-la. Mas, à primeira palavra que dissesse, o rosto de Nicole iria se transformar, endurecer. Ele se aproximou e sorriu timidamente. O rosto dela se transformou, endureceu.

— O que vocês vieram fazer aqui?

Nicole estava bêbada; as palavras titubeavam na sua boca.

— Viemos buscá-la de carro.

André colocou a mão levemente no ombro dela.

— Vamos beber juntos, nos reconciliar.

— Não estou com vontade. E vou voltar à hora que eu quiser.

— Esperamos você — disse ele.

— Não. Vou voltar a pé. Sozinha. E acho meio exagerado vir me procurar aqui.

— Deixe-me levar a senhora agora — pediu Macha. — Por favor, aceite por mim. Senão vamos esperá-la até as duas da manhã, e acordo cedo.

Nicole hesitou.

— Bom. Mas é só por você. Por ninguém mais, só você — concedeu ela.

A luz se infiltrou através das suas pálpebras. Ela manteve os olhos fechados. Estava com a cabeça pesada e morrendo de tristeza. Por que bebeu tanto? Sentia vergonha. Ao chegar, tirou as roupas, espalhou-as por todos os lados e caiu sem sentidos. Afundou-se em uma profundeza negra; era líquida e sufocante, como alcatrão, e nesta manhã mal conseguia emergir. Nicole abriu os olhos. Ele estava sentado em uma poltrona ao pé de sua cama, e a olhava, sorrindo.

— Minha menina, não vamos continuar assim.

De repente era André, ela o reconhecia; passado, presente: uma única imagem. Mas aquela lâmina de ferro permanecia no seu peito. Seus lábios tremiam. Enrijecer de novo, afundar de cabeça, afogar-se nas profundezas da noite. Ou tentar pegar esta mão que lhe era estendida. Ele falava com uma voz familiar, serena; ela amava sua voz. Ninguém pode ter certeza da própria memória, dizia ele. Talvez ele não tivesse falado: mas estava sendo honesto ao dizer que tinha. Não estava mais segura de nada também. Ela fez um esforço.

— Talvez você tenha me falado e eu esqueci. Isso me surpreenderia, mas não é impossível.

— Em todo caso, não há razão para ficar zangada.

Nicole se forçou a sorrir.

— Nenhuma — concordou ela.

André se aproximou de Nicole, pôs os braços em seus ombros, deu um beijo na altura da têmpora. Ela o abraçou e, com o rosto encostado no paletó do seu terno, começou a chorar.

O deleite quente das lágrimas escorrendo pelo rosto. Que alívio! É tão cansativo detestar alguém que se ama. Ele dizia velhas palavras: "Minha menina, minha querida..."

— Fui uma idiota.

— E eu, distraído. Eu deveria ter falado outra vez. E deveria ter percebido que você ficava entediada aqui.

— Ah! Não fico tão entediada assim. Eu exagerei.

"Meu desgosto é não poder ficar com você a sós": essas palavras não passaram por seus lábios. Teriam um ar de censura. Ou de súplica. Ela se levantou e foi ao banheiro.

— Escute — disse ele quando Nicole voltou ao quarto —, se você quiser ir embora antes de mim, pode ir. Se eu acompanhá-la, Macha ficaria triste. Ela me propôs isso ontem à noite. Mas não seria delicado. Eu gostaria que você ficasse.

— Claro, vou ficar — disse ela.

Estava presa. Privada da sua raiva, desarmada, ela não teria forças para um ato hostil — e tão gratuito! E o que a esperava em Paris?

— Pensando melhor, eu também começo a achar que o tempo se alonga — comentou ele. — Viver como turista em Moscou não é sempre divertido.

— De qualquer modo, como você disse, ficar mais dez dias não é motivo para drama — declarou ela.

No corredor, Nicole lhe deu o braço. Eles estavam reconciliados; mas ela sentia necessidade de se assegurar de sua presença.

★ ★ ★

Na escuridão do cinema, André olhava furtivamente o perfil de Nicole. Depois da briga de dois dias antes, ela lhe parecia um pouco triste. Ou ele estaria projetando sua própria tristeza nela? As coisas entre eles não eram exatamente como antes. Talvez Nicole esteja arrependida por ter concordado em ficar mais dez dias em Moscou. Ou era ele que, pela desconfiança e pela raiva dela, havia ficado com uma ferida mais profunda do que imaginara. Não conseguia se interessar pela história da mulher piloto de avião do filme. Ruminava pensamentos melancólicos. E pensar que Macha acreditava que envelhecer era melhorar! Muitas pessoas acreditam nisso. Os anos dão aos vinhos o perfume do seu buquê, aos móveis sua pátina, aos homens a experiência e a sabedoria. Cada momento seria envolto e justificado pelo momento seguinte, que prepararia um momento melhor que o anterior, posto que mesmo os erros seriam finalmente reparados. "Cada átomo de silêncio é a possibilidade de uma fruta madura." Ele nunca caíra nesta armadilha. Mas também não via a vida como Montaigne, como uma sucessão de mortos: o bebê não é a morte do embrião, nem a criança a do bebê. Nunca viu Nicole morrer e ressuscitar. Ele recusava com veemência a ideia de Fitzgerald: "A vida é um processo de degradação." Não tinha mais seu corpo dos vinte anos, sua memória falhava um pouco, mas não se sentia diminuído. E Nicole seguramente não se sentia assim. Até pouco tempo atrás, estivera convencido de que aos oitenta anos eles continuariam iguais. Não acreditava mais nisso. Este incurável otimismo que fazia Nicole sorrir estava menos vigoroso que antes. Havia os dentes que ele cuspia em sonho e a dentadura que o ameaçava: no horizonte, a decrepitude. Tinha esperado que ao menos o amor jamais declinasse; e até lhe parecia que Nicole ao envelhecer lhe pertenceria ainda mais. E eis que, entre os dois, algo se desfazia. Como distinguir em seus gestos, em suas palavras, o que era uma repetição rotineira do passado do que era novo e vivo? E ela? André não possuía as palavras para lhe perguntar.

— Escolha alguns livros — disse Macha a Nicole.

Eles empregavam um zelo um pouco irritante para distraí-la. Um bom filme na véspera; mas nesta tarde aquela história da mulher piloto de avião havia sido cansativa. Ler, é claro, o que fazer, senão isso? Macha trabalhava em uma tradução, André tentava, com um dicionário, decifrar o *Pravda*. Ela examinou a coleção da Pléiade alinhada em uma estante. Romances, novelas, memórias, contos: havia lido todos, ou quase; mas, com exceção dos textos usados em sala de aula, do que ela se lembrava? De *Manon Lescaut*, que havia destrinchado frase por frase durante a licenciatura, ela não se lembrava com precisão de nenhum trecho. No entanto, sentia uma preguiça enorme diante da ideia de voltar a essas páginas que não era mais capaz de evocar. Reler a entediava. Relembra-se pouco a pouco, ou então se tem a ilusão disso. Reler nos priva do que faz a alegria de ler: aquela livre colaboração com o autor que é quase uma criação. Ela conservava a curiosidade por sua época e continuava a par das novidades. O que estas obras antigas, que fizeram dela o que era e não cessaria de ser, ainda teriam a lhe oferecer?

— Aqui você só tem a dificuldade de escolher — disse André.

— É uma dificuldade.

Pegou um livro de Proust. Proust era diferente. Ela esperava e encontrava as frases que conhecia de cor com a mesma felicidade que o narrador, a pequena frase musical de Vinteuil. Mas hoje sentia dificuldade de se concentrar. Pensava: não é mais a mesma coisa. Ela olhou para André. O que é a presença de alguém? Havia ali aquela longa história que vinha morrer em sua nuca, tão familiar e tão esquecida quanto os textos aprisionados nessas páginas. Em Paris ele estava presente, mesmo a quilômetros de distância. Talvez fosse nos instantes em que ela, inclinada sobre a janela, o observava se afastar, que André existia em seu coração com a mais perturbadora evidência; a silhueta diminuía, desaparecia na esquina da rua, desenhando a cada passo o caminho do seu retorno; este espaço, aparentemente vazio, era um campo de forças que irresistivelmente o levaria de volta a ela como seu hábitat natural: esta certeza era mais comovente que um corpo de carne e osso. Hoje André estava lá, pessoalmente, ao alcance de sua mão. Mas havia ali, invisível, impalpável, como uma camada que os isolasse: uma camada de silêncio. André veria assim? Com certeza não. E teria respondido:

"Claro que é como antes. O que mudou?"

Eles tiveram brigas ao longo da vida — mas por motivos sérios. Quando um ou o outro havia tido um caso; ou a respeito da educação de Philippe. Eram conflitos de verdade que eles resolviam de forma colérica, mas rápida e definitiva. Desta vez, foi um vendaval, uma fumaça sem fogo; e justamente por causa dessa inconsistência não estava dissipado por completo. Também é preciso dizer que antes eles tinham reconciliações calorosas na cama, pensou ela; no desejo, os distúrbios, o prazer e as reclamações inúteis eram calcinados; eles se reencontravam um diante do outro renovados e felizes. Agora, este recurso lhes fazia falta. Então Nicole raciocinava. Foi em grande parte responsável pelo desacordo entre eles: ela acreditou que André mentira. (Por que mentiu antes, ainda que tivesse sido por pequenas coisas?) Também foi culpa dele. Deveria ter falado de novo sobre a questão em vez de considerá-la resolvida em dois minutos. Ela havia sido desconfiada demais, mas ele, negligente, e continuava sendo — não se inquietava de verdade com o que se passava na mente de Nicole.

Teria ficado seco? Quando estava com raiva, ela pensara em muitas coisas injustas sobre ele. Senil, não. Vegetativo, não. Mas talvez menos sensível que antes. Inevitavelmente, desgastamo-nos: tantas guerras, massacres, catástrofes, sofrimentos e mortes. Quando Manon morrer, será que vou chorar? "Ninguém mais vai me chamar de 'minha menina'", disse a si mesma com tristeza. Mas era um pensamento egoísta. Lamentaria nunca mais ver Manon? Ela ficava vulnerável através de André e Philippe. Mas e os outros? E até por André e Philippe neste momento ela não sentia nenhum calor.

Um casal que continua porque começou: seria esse o futuro que os aguardava? De amizade, de afeição, mas sem uma verdadeira razão para viver juntos: seria assim? Haviam existido verdadeiras razões, no começo. Ela, que se rebelava assim que um homem tentava mostrar a menor superioridade, fora conquistada por André por uma espécie de ingenuidade que não tinha visto em ninguém; seu ar desconsolado a desarmava quando ele suspirava: "Você se engana completamente!"

Protegida demais por sua mãe, negligenciada por seu pai, havia nela esta ferida, a de ser mulher. A ideia de um dia deitar sob um homem a revoltava. Graças à delicadeza de André, à sua ternura, ele a havia reconciliado com seu sexo. Ela aceitara o prazer com alegria. E, depois de alguns anos, até desejou ter um filho, e a maternidade a fez se sentir realizada. Sim, foi justamente dele, e não de outro, que precisou. E por que ele a amou visto que, em geral, por causa de sua agressividade, ela não era atraente? Talvez o rigor e a severidade maternais que lhe oprimiam eram ao mesmo tempo necessários, e os encontrara em Nicole. Ela o havia ajudado a se tornar, bem ou mal, um adulto. Em todo caso, sempre teve a impressão de que nenhuma mulher lhe teria sido mais conveniente que ela. Estaria enganada? Por outro lado, ela teria se sentido mais realizada com outro homem? Questões inconsistentes. O único problema é saber o que sobrou neles hoje. Ela não sabia.

Macha estava ocupada nesta tarde; confiou Nicole e André a um motorista de táxi a quem deu instruções específicas. Eles saltaram do carro em uma área do subúrbio — onde já tinham ido três anos antes e que era uma verdadeira aldeia na periferia de Moscou. Eles subiram uma rua ladeada de velhas isbás.

— Não ande tão rápido: quero tirar umas fotos — disse Nicole.

Nicole resolveu repentinamente que era uma pena não levar nenhuma foto da viagem e pegou a máquina de Yuri emprestada. Ela nunca havia tirado uma fotografia. Observou-a enquadrar uma isbá no visor. "Ela se sente entediada comigo", pensou. No táxi eles não sabiam sobre o que conversar. No entanto não estavam de modo algum mal juntos, o que era o mais triste. Talvez ele tenha ficado entediante; mesmo nas férias em Villeneuve, jamais passaram tanto tempo juntos como aqui; ela estava saturada de sua presença. E, por estar entediada, também não estava tão animada. Nicole fotografou uma segunda isbá, uma terceira. As pessoas que conversavam sentadas ao sol na entrada de suas casas a olhavam com ar descontente; uma delas disse alguma coisa que André não entendeu, mas que não parecia muito amável.

— Acho que elas não gostam que você tire essas fotos — avisou ele.

— Por quê?

— Essas isbás são bonitas, mas elas as acham miseráveis e suspeitam de que você, como uma estrangeira suja, queira exportar as imagens da miséria delas.

— Tudo bem, eu paro — disse ela.

E o silêncio se fez entre eles. No fundo, errou em prolongar esta estada. Mesmo em relação a Macha, em que isso os aproximaria? De qualquer modo, iriam se afastar por muito tempo: dois anos, três, ou mais? Eles teriam vontade de se rever logo? Mostrar-lhe Paris, em 1960, e descobrir a União Soviética com ela, em 1963, foram grandes acontecimentos. Desta vez, não reencontrou — salvo no começo — aquela alegria. Ele a amava muito, e isso era recíproco: mas os dois viam o mundo de forma muito diferente; e nenhum dos dois tinha verdadeiramente um lugar na vida do outro. Essa impressão romanesca que o encantou ao chegar se dissipou pouco a pouco. Foi besteira ter contrariado Nicole sem uma razão legítima, e por duas réplicas trocadas no ar: "Vocês têm algo de especial a fazer em Paris?" "Nada."

— Foi besteira ter prolongado esta permanência — declarou ele.

— Se você não está feliz com isso, é besteira mesmo — disse ela.

— Porque você está arrependida?

— Eu me arrependo se você se arrepende.

Bom. Eles ainda ficariam rodeando o assunto. Algo estava emperrado nos seus diálogos; cada um considerava mais ou menos atravessado o que o outro dizia. Será que eles não sairiam dessa? Por que hoje em vez de ontem? Não havia razão.

Eles passaram sob uma arcada e diante de uma igreja que Nicole fotografou. Um pouco mais adiante, no alto de uma colina, erguia-se outra igreja com uma arquitetura complexa. Ela dominava o Moskva, atrás da qual se percebia uma vasta planície e Moscou ao longe. Eles se sentaram na grama e observaram a vista.

"Pronto. Na única vez em que estamos a sós, não sabemos o que dizer, não temos nem vontade de conversar", pensou Nicole com amargura. Acreditou que agradaria a André acompanhá-la para tirar fotos de Moscou, os cartões-postais eram tão ruins. E ele se desinteressou, parecia até que o havia irritado. Ela se deitou na grama, fechou os olhos e de repente tinha dez anos, estava deitada em uma campina, sentia aquele aroma de terra e folhagem. Por que uma lembrança da infância a emocionava tanto? Porque o tempo se dilatava ao infinito, o anoitecer se perdia a distância, e por futuro ela possuía a eternidade. "Sei o que me faltou neste país", disse a si mesma. Com exceção de uma noite em Vladimir, nada a havia tocado profundamente porque nada despertara nela uma ressonância. Os momentos que a emocionaram na vida foram sempre os que evocavam algo além deles mesmos. Eles lhe surgiam como uma reminiscência, um pressentimento, a materialização de um sonho, um quadro que ganhou vida, a imagem de uma realidade em si inacessível e misteriosa. Na União Soviética, ela não apenas não tinha raízes como não a amara a distância, como a Itália ou a Grécia. Eis por que aqui mesmo as coisas belas só eram o que eram. Podia admirá-las: mas elas não a encantavam. André me compreenderia?, perguntou-se. E concluiu com melancolia que isso não o interessava. Mas, ainda assim, estarem juntos e sozinhos como Nicole tanto havia esperado e nem mesmo aproveitar a oportunidade era bastante desolador.

— Acabo de entender por que nada na União Soviética me toca realmente — disse ela.

— Por quê? — perguntou ele.

Tão presente, tão atencioso — André era assim com todo mundo, mas especialmente com ela — que Nicole se surpreendeu de ter hesitado em falar com ele. Era fácil, no calor desse olhar, explicar em voz alta o que dissera baixinho.

— Resumindo, esta viagem nos decepcionou — disse ele.

— A você não.

— De outra maneira, sim. Muita coisa me escapou. Não avancei nada desde que cheguei aqui. Vou ficar feliz de voltar a Paris.

Ele a olhou com certa reprovação.

— Se bem que não fiquei entediado. Eu nunca fico entediado quando estou com você.

— Eu também não fico entediada com você.

— Não? Mas você gritou comigo: "estou entediada!"

Existia uma tristeza em sua voz. Ela havia gritado essas palavras em um momento de raiva, ela as esquecera. E ele parecia ter ficado profundamente magoado. Nicole hesitou e se decidiu.

— A verdade é que gosto muito de Macha. Mas ainda assim não é a mesma coisa vê-lo com ela e sem. O que me incomodou foi não poder ficar sozinha com você. Para você não fazia diferença, mas, para mim, sim — acrescentou ela com uma ponta de amargura.

— Porém tivemos muitos momentos em que estávamos a sós.

— Não muitos. E você se enfiava na sua gramática russa.

— Bastava você me dizer.

— Você não teria vontade de ficar comigo.

— Claro que sim! Sempre tenho vontade.

Ele refletiu.

— Engraçado! Eu tive a impressão de que nos víamos muito mais que em Paris.

— Mas sempre com Macha.

— Você parecia se dar tão bem com ela: eu não imaginava que ela era um incômodo.

— Eu me dou bem com ela. Mas, quando há uma terceira pessoa entre nós, não é mais a mesma coisa.

André deu um sorriso estranho.

— É o que me digo sempre que você chama Philippe para passar o fim de semana conosco.

Nicole ficou desconcertada. Verdade, ela sempre pedia a Philippe que passasse o fim de semana com eles, e isso lhe parecia natural.

— É bem diferente.

— Porque ele é meu filho? De qualquer modo é uma terceira pessoa entre nós.

— Não será mais.

— Isso vai incomodá-la ainda mais!

Iriam brigar de novo?

— Nenhuma mãe gosta de que o filho se case. Mas não pense que sou obcecada com isso.

Eles se calaram. Não. Não podiam voltar ao silêncio.

— Por que você nunca me disse que a presença de Philippe o incomodava?

— Você sempre reclamava que eu era intransigente. E, depois, o que eu ganharia privando você de Philippe se, de todo modo, não sou o suficiente para você?

— Como assim? Você não é o suficiente para mim?

— Ah! Você é feliz por eu fazer parte de sua vida. Contanto que tenha outras coisas: seu filho, os amigos, Paris...

— Isso que você está dizendo é tolice — retrucou ela, surpresa. — Você também precisa de outras coisas além de mim!

— Posso me privar de tudo se tiver você. Se estivesse apenas com você no campo eu seria inteiramente feliz. Você me disse um dia que morreria de tédio lá.

Este sonho de passar a aposentadoria em Villeneuve seria mais sério do que ela havia pensado?

— Você prefere o campo e eu prefiro Paris porque amamos os lugares onde passamos a infância.

— Não é o verdadeiro motivo. Eu não sou o suficiente para você e, quando falei isso outro dia, você nem protestou.

Nicole se lembrava. Ela estivera com raiva. E estivera ainda mais com pena — amarrada, rígida — por ter que arrancar as palavras que André exigia.

— Eu estava com raiva. Não ia fazer declarações de amor a você. Mas, se não percebe que é tão importante para mim como eu sou para você, então é um verdadeiro idiota.

Ela sorria com ternura; e havia certa verdade no que dizia! Macha nunca os deixara sozinhos.

— Resumindo — disse ele —, houve um mal-entendido.

— Sim. Você pensava que eu ficava entediada com você, quando na verdade eu me entediava sem você: é muito mais lisonjeiro.

— E eu estava feliz de tê-la toda para mim, e você nem se dava conta.

— Por que nos entendemos tão mal? — questionou ela.

— Nossa decepção nos deixava mal-humorados. Ainda por cima não queríamos confessá-la.

— Devíamos sempre compartilhar tudo, a nós mesmos e ao outro.

— E você sempre me conta tudo?

Nicole hesitou.

— Quase. E você?

— Quase.

Eles riram juntos. Por que tinham sido incapazes de conviver nestes últimos dias? Novamente tudo parecia tão familiar, tão fácil.

— Há uma coisa que não falei e que foi importante — retomou ela. — Desde que chegamos a Moscou, dei uma envelhecida. E notei que me restava pouco tempo de vida: isso faz com que a menor contrariedade se torne insuportável. Você não sente sua idade: eu sim.

— Ah! Sinto sim — retorquiu ele. — E penso nisso com frequência.

— Verdade? Você nunca fala nisso.

— Para não entristecer você. Você também não fala.

Durante um momento eles permaneceram em silêncio. Mas não era o mesmo silêncio: somente uma pausa neste diálogo enfim retomado e que não pararia mais.

— Vamos voltar? — perguntou ela.

— Vamos.

Ele tomou seu braço.

Poder conversar é uma grande sorte, disse ela. É compreensível que, nos casais que não sabem se aproveitar das palavras, os mal-entendidos formem bolas de neve e acabem por estragar tudo entre eles.

— Tive um pouco de medo de que algo tivesse sido arruinado entre nós.

— Eu também.

— Mas, no fundo, era impossível — disse ele — Fatalmente acabaríamos nos explicando.

— Sim. Era obrigatório. Na próxima vez não vou ter mais medo.

André apertou seu braço.

— Não haverá uma próxima vez

Talvez houvesse. Mas não era importante: eles jamais se distanciariam tanto um do outro. Ele não havia lhe dito exatamente tudo o que lhe passou pela mente durante estes dias. E talvez ela também tenha guardado algumas coisinhas para si. Também não era importante. Eles se reencontraram. André faria perguntas, Nicole responderia.

— Por que você se sentiu velha? — perguntou ele.

Este livro foi composto na tipologia Times
Europa LT Std, em corpo 11,5/18,5, e impresso
em papel off-white no Sistema Cameron da
Divisão Gráfica da Distribuidora Record.